陈积芳 / 主编

老少同乐

老年健康生活丛书（第一辑）

张文华等 / 编著

上海科学普及出版社

老年健康生活丛书编辑委员会

主　　编　陈积芳
副 主 编　郁增荣
秘 书 长　金　强
编辑委员（以姓名笔画为序）
　　　　　　刘铭君　江世亮　孙建琴　娄志刚　蒋惠雍

老少同乐

编　　著　张文华　钟　廷　陈　洁　李增娇

序 言

　　岁月流逝如滔滔江水,从朗朗童声和青春风茂之美好年代,转眼进入雪鬓霜鬟、步履蹒跚的老年。今天的老年人,为建设城市与家园付出了辛勤的劳动,理应健康安享晚年。每位经历人生光阴似箭的朋友,你感慨当今的变化吗?你珍惜眼前的生活吗?你回想过往的岁月吗?当你感到生命的航船可以平稳舒适地驶入又一番风景的港湾中,当你品味美好晚景夕阳红满天时,会有更多新的需要,新的念想。你想学习,可能会遇上陌生的问题;你也许会忧虑,因为你已展开又一个生命的重要阶段——老年。

　　上海这样一座2 400万人口的国际大都市,富有创新活力和文化底蕴。由于生活水平提高,医疗资源相对丰富,人均寿命增长,老龄化深度发展。60岁以上的老年人已达到33.2%,百岁老人占比达7.8‰,上海已进入国际标准的长寿城市。平均寿命达83岁,在国内仅次于香港。老年群体的各种需求势必越来越多,这是客观的存在。

　　正如老百姓说的俗语:金山银山不如健康是靠山。幸福的晚年生活,健康是第一条。而健康是老年人面对的最基本的大事,涉及老年阶段方方面面的综合知识、生活方式以及社会服务。比如，发达国家研究长寿课题并得出的结论，第一条就是晚年要有较好的社会交往活动，水、空气、睡眠和营养是基础保障，和谐适当的社会交际活动才是老年人生得以有内在动力的根本保障。因而唱歌跳舞、学用智能手机、旅游观光、含饴弄孙、莳花弄草、书法收藏、摄影交流、散步疾走等文娱活动，都是对老年健康有益的。

随着互联网科技的迅速发展和移动通讯的广泛使用，老年人想要跟上形势，学习新技能。如熟练使用智能手机，学会网上支付水电费、买快餐、订电影票、购买日用品等。

老年人饮食营养的保证很重要，易吸收的优质蛋白质、不饱和脂肪、新鲜蔬果中的维生素纤维素、转化能量的碳水化合物等，均要安排得当，科学合理饮食。这也是防治老年代谢病的重要措施。正所谓：管住你的嘴，学问真不少。

老年人的生命活动逐渐衰弱，有一些疾病"找上门来"也属正常，医疗与护理及保养都很重要。血压、血糖、尿酸指标，要了解这些基本常识，学习自我保健知识，建立健康管理理念。

说到老有所学，日新月异的科技创新的成就，也是老年群体所关注的。比如中国空间站将在太空的遨游，彩虹号深海潜水器，大口径射电望远镜，北斗卫星体系组成通信网络，5G信息科技传播的先进标准，量子通讯的安全原理，石墨烯材料充电新技术等，普通市民关心这些话题；老年人群，尤其是有深层次精神文化需求的老年人更是愿意与时俱进地学习。保持学习新知的好奇心，是心态年轻的标志。

更广义地讲,老龄产业是黄金产业。服务软件、营养饮食、老年教学、文化娱乐、康复辅具等方方面面,与老年人福祉相关的各类产品的设计与生产,急需资金和研发,并加以推广。

夕阳无限好,只是近黄昏。年老之人应修悟宁静淡泊的心态,保持慢节奏的生活姿态,从容不迫、优雅舒坦地过好当下的每一天。这需要有平衡的心理与情绪,预防可能发生的忧郁或焦虑的心理疾病。步入老年阶段,坦然面对衰老,平安幸福地过好晚年生活,我们每一位老者都准备好了吗?

为了关爱老年读者群体的精神文化生活,为他们提供更为广阔的视角和思考空间,乐享健康,乐享生活,智慧养老,科学养老,上海科学普及出版社精心策划了"老年健康生活丛书"。邀请各领域富有经验的专家学者为老年读者精心打造,第一辑推出《阳光心态》《经络养生》《健康管理》《老少同乐》《智能生活》《家庭园艺》《法律维权》《旅游英语》《科普新知》《智慧理财》共十种,涉及老年人群重点关注的养生保健、心理健康、法律法规、代际沟通、社会交往等主题,精心布局,反复研讨,集思广益,从老年读者的视角,以实际生活为内容支撑,通俗易懂,图文并茂。可以相信,"老年健康生活丛书"一定能服务于上海乃至全国的老年群体,发挥积极的科普和文化传播作用,为促进国家老年教育、老龄事业的发展做出应有的贡献。

陈积芳

2018年8月

目 录

第一篇　含饴弄孙

幼儿生理特点 / 3
幼儿心理认知 / 8
寓教于乐 / 16

第二篇　趣味游戏

外界初体验 / 34
动出小天地 / 58
成长新空间 / 82

第三篇　科学活动

巧手制作 / 106
科学探究 / 126
户外发现 / 146
智力开发 / 168

参考文献 / 187

后记 / 191

第一篇
含饴弄孙

陪伴·成长

曾有儿童教育专家说,陪伴是给幼儿最好的礼物。可是,如今生活节奏如此之快,越来越多的年轻父母因工作等原因,把孩子托付给家中老年人(爷爷奶奶、外公外婆)照看。虽然老年人不乏育儿经验,但他们的照看仍无法与年轻父母的亲子活动相比。加上社会进步,新的育儿理论和方法不断涌现,老年人在这方面可能会越来越力不从心。

如何才能有效地"陪伴幼儿"?传统老年人的那种让幼儿"吃饱、穿暖、睡好"的育儿方式显然落伍了。这里我们借鉴台湾洪兰教授的说法:"陪伴的三种最佳方式是游戏、阅读和旅游。"其中趣味游戏有助于孩子想象力的发挥,是日后培养创新能力的基础。因为趣味游戏会让幼儿大脑产生一种特殊物质,能帮助幼儿神经分叉快速生长。因此,只有了解幼儿身心发展的特点,懂得幼儿的想法和需求,参与到幼儿的成长中去,并在趣味游戏和科学活动过程中,注意观察幼儿的表现,发现优缺点,才能有针对性地提高幼儿的综合能力,才是最有效的陪伴。

为了弥补幼儿与父母亲子活动的不足,也为了使老年人照看孙辈时更加科学、有趣,本书精选了一系列适合1～6岁幼儿的游戏活动,力求寓教于乐,老少同乐。

幼儿生理特点

幼儿*正处于生理、心理迅速发展的时期。老人关注和了解这个阶段的幼儿的生理特点,有效地开展游戏活动,对其学习和生活都有非常重要的意义。

身体发育成长快

1～2岁阶段的幼儿,生理上还处于不断变化不断发展时期。在1岁时能走2到3步的幼儿,到1岁半走起路来就相当快了。在这之前,大部分幼儿都还不会跑,但可向后倒着走路,或上台阶了。过了1岁之后,幼儿的手也渐渐灵活起来,会在纸上涂涂画画。到2岁时,幼儿很喜欢模仿,这是因为他们学会了创造的技能。站立走路的腿也硬实起

---

* 学龄前儿童一般是指0～6岁的儿童,但出于活动能力的考虑,本书所指"学龄前儿童"主要针对1～6岁,故无特殊说明,均用"幼儿"代替。1岁以前用"婴儿"。

来，有些还可以用单腿站立1～2秒钟，虽然跌跌撞撞，但也能慢慢地跑起来，能上下台阶，还能爬上饭桌或跳到床上等。若是给其积木玩，也能垒起5～6块，手指变得更灵活，可以翻书或串珠；如果打开水龙头，他还会搓洗小手。对外界的感知上，幼儿的视觉在逐渐发展，但无法集中注意力识别过于复杂的图画；喜欢用听觉和触觉探索世界，但还无法理解过于复杂的语言，也无法用语言清楚表达自己的喜恶，更多时候会借助肢体来表达感情。

2～3岁阶段，幼儿可以自己做许多事情了，随着独立能力的进一步加强，可以自己吃饭和上厕所。随着语言能力的增强，和大人有了更多的交流。同时，幼儿变得喜欢和同伴在一起玩，但又可能会有争吵和哭闹现象。这是因为虽然他们有了自立性，但还没有协作能力。

3岁后，幼儿开始进入幼儿园。这时，幼儿已经具备了相当的运动能力，智力也大有发展。

4岁的幼儿身体发育上了一个台阶，运动能力上，已经不满足于骑三轮车了，有些已经能骑两轮车了。抛球对他们来说易如反掌，不仅能滑滑梯，还可以从较高的地方跳下来。不仅能用一只脚跳跃，还能在地板上翻筋斗。如果指导有方，甚至还可以学会游泳。

4～6岁阶段，幼儿每年身高增长4～5厘米，体重增加1.5～2.5千克，脑和神经系统发展接近成人水平，动作更加协调稳定。大动作上可形成正确的跑步姿势，准确移动脚步和身体跨越障碍物。精细动作方面更加准确，可以完成解衣服纽扣、解系鞋带等，甚至可以完成洗脸、刷牙等动作。

丰富语言益处多

1岁～1岁半，幼儿进入了单词句语言阶段。在这个阶段，幼儿往往使用单个词来表达意思。例如，"妈妈"这个词可能表示让妈妈抱，也可能表示要吃某样东西；说"饭饭"，可能是"我要吃饭"，也可能是"他在吃饭"。在词汇运用方面，用声音代表物品是1岁半前幼儿说话的一个明显特点。例如，把"狗"称为"汪汪"。在此阶段，幼儿对物品的称呼往往只根据它的某个具体特点，缺乏代表性。当然就是到了1岁半，也有很多幼儿只会说"妈妈、爸爸、爷爷、奶奶"，但不要以此就认定幼儿的语言或智力发育迟缓，而忽视了与幼儿的对话练习。

1岁半～2岁，幼儿进入了双词句语言阶段。双词句即由两个单词组成的句子。在这个阶段，幼儿能把两个词语连起来组成句子。例如，外婆抱抱、爸爸班班等。1岁半以后，幼儿的词汇增长非常迅速，语言表达能力有了很大发展，给成人的感觉是"宝宝突然会说话了"。这个阶段的幼儿可能还学会使用了疑问句，经常会问："这是什么？"

2～3岁，幼儿进入了简单句语言阶段。2岁左右，幼儿可以跟成人进行简单对话了。例如，听到邻居家的小朋友圆圆哭了，他们会说："圆圆她哭了。"他们还会说诸如"这是宝宝的，那是奶奶的""宝宝吃米饭"等。研究表明，2～3岁幼儿使用的句型主要有两种：主谓结构句，即由行为主体和行为动作两部分组成。例如，"布娃娃掉了""宝宝要睡觉"等。谓宾结构句，即由动作和动作对象组成。例如，"看电视""找外公"等。

老少同乐

　　3～4岁，是幼儿的语言敏感期和理解能力发展期，他们迫切需要大量交流，但表达能力仍待发展，已经会用语言表达简单喜恶，但是不会说明为什么喜欢或不喜欢。幼儿还不会运用发音器官的某些部位，或者发音方法不正确，因而还有发音不准确的情况。例如，会把"四个"说成"是个"，"老师"说成"老西"。这一阶段，幼儿在与成人及同伴交往中往往出现有趣的"集体讨论"现象。表面上他们似乎很热烈地交谈着，但实际上内容是毫无联系的，或者由其他人的谈话很自然地联想到自己所要说的内容，其中却没有什么逻辑联系。

　　4～6岁，幼儿进入了语言完备阶段。这个时期幼儿会用几乎所有的词类，并能从成人的言谈中掌握语法关系，修正自己的语法错误，逐渐形成正确的语言。幼儿能用多词句来表达意思，已经具有把自己的想法表达出来的能力，对句子结构的理解也有相当高的水平。这个时期大人要帮助幼儿尽快从幼儿语言过渡到成人语言上来。

　　进入幼儿园之后，幼儿的词汇量进一步增多，可达3 000～4 000个，以名词为主，对新鲜事物和新名词特别感兴趣，还可以从电视卡通片中学到不少相对抽象的名词。例如，天空、云彩、星星和雨雪等。理解并能应用方位词，知道复杂的方位关系，能较准确地理解时间概念。例如，1小时、1天、午后和深夜等。3～4岁的幼儿可能会用错人称代词，但到6～7岁时即可正确运用人称代词。此时期的幼儿可用简单和复杂的句子表达自己的意思。例如，"我要吃饭，因为我肚子饿了"。在语言表达的同时，还可能伴有丰富的表情或肢体动作。

幼儿心理认知

幼儿的认知发展包括记忆、注意、想象和思维等心理过程及其品质的发展,应根据不同年龄阶段幼儿特殊的心理特征加以引导,老年人要给幼儿一个逐步适应的过程,才能做好幼小衔接的教育活动。

培养萌娃专注力

幼儿的注意力分为有意和无意两种形态。无意注意:指无明确目的,多为被外界因素吸引的情况;有意注意:指有预定目的,需要意志努力的主动注意形态。幼儿注意力的发展主要表现在注意的广度、稳定性、转移和分配等方面。有研究指出:3个月的婴儿已能比较集中地注意人的脸和声音,但时间较短。3岁之前,幼儿的注意力时间往往只有3～5分钟;3～4岁大约有10分钟;而5～6岁约有15分钟。因此,在给幼儿进行教育活动时要充分考虑到这一客观规律。

3～4岁幼儿的注意以无意注意为主。刺激物的物理特性,例如,鲜艳的颜色、强烈的声音、生动的形象等都容易引起他们的注意。所以,对这一年龄段的幼儿进行教育活动时,要注意他们容易受到外界信息的影响而难以保持注意力。同时,研究表明这一年龄段的男孩的注意稳定性明显低于同龄女孩。这也是平时常说的男孩比女孩淘气,不好好听课的原因。此外,这一阶段幼儿注意的分配和转移能力都较差。例如,在观察图片时,他们只能注意那些最突出的、鲜明的形象。在做律动的时候,往往只注意到上肢的动作,而忽略了下肢动作。

4～5岁幼儿注意的广度发展很快。有研究发现,在1/20秒的时间内,大部分4岁幼儿能够辨认2个关注点,但不能辨认6个关注点。这一时期幼儿的注意分配能力有所发展,例如跳舞的时候,不仅能关注手的姿势,还能协调全身的动作。随着幼儿生活经验的丰富,与幼儿的兴趣和需要有密切关系的刺激逐渐成为引发无意注意的原因。

5～6岁幼儿的注意稳定性水平比3～4岁时明显提高,而且没有表现出性别差异。从注意广度看,在1/20秒的时间内,大部分6岁幼儿已经能够辨认4个关注点了,还有49%的幼儿甚至能够辨认6个关注点。这一阶段幼儿的注意分配和转移能力都有增强。这一年龄段的幼儿的有意注意开始发展。5岁女孩的有意注意时间长于男孩,6岁时男孩的有意注意时间仍然不如女孩长,但男孩注意稳定性的发展速度比女孩快。而且,不论男孩还是女孩,6岁时注意的稳定性都要高于5岁时的水平。

整体来看,无意注意占优势是该时期幼儿注意力的一大特征,有意注意也在随着年龄、经验的增加而逐渐完善。因而各个年龄段的幼儿根据注意力的保持时间都不一样,

需分别对待,或者变换不同的学习方式。同时,也要去除幼儿教育活动中其他无关因素的干扰。例如,与活动无关的声响、活动场所墙上过多的装饰、随意丢弃的玩具、夸张的着装与装扮等。

把握记忆关键期

3岁之前,幼儿的记忆力以无意记忆为主,形象记忆占主导地位。一个特点是容易遗忘,一般都记不住3岁以前的事情,心理学称之为"人类幼年健忘"。这个时期的幼儿,对鲜明、生动、有趣的事物非常感兴趣,这些事物能引起他们的情绪反应,重复多次可使其不费力地记住。

3岁之后,幼儿的无意识记忆和有意识记忆能力都在增长,但有意识记忆发展的速度要快于无意识记忆;形象记忆和词语记忆能力都随年龄的增长而提高,但词语记忆的发展速度高于形象记忆;机械记忆和意义记忆同时发展并相互作用,相互联系,均随年龄的增长而增长,幼儿较多采用机械记忆的方法,但意义记忆具有明显的优越性。

进入幼儿园之后,幼儿通过刻意、机械式的多次重复,或潜移默化进行记忆,这跟他们的知识经验少、理解能力差有关。值得注意的是,该阶段幼儿的无意记忆仍占主导地位,即幼儿不是在有意识地记忆,而是以事物、活动本身的吸引力为基础。根据幼儿无意记忆的特点,老年人在对幼儿进行教育活动时可有意识地选择色彩鲜艳的玩具或者设计趣味性强的活动过程(例如,听故事、角色扮演和动手制作等),充分调动幼儿的兴趣与热情,让他们在不知不觉中将教育活动的过程印刻于心。

4岁以后，幼儿的记忆能力不断增强，可达到长时记忆。但是，由于思维的具体形象性，这时的记忆基本上还是属于形象记忆。

到5～6岁，幼儿记忆的有意性就有了明显的发展，他们不仅能识记和回忆事物，还可以运用一些方法帮助自己加强记忆。

思维创造是核心

思维是智力发展的核心，是获得新知识的必经途径。根据皮亚杰发展心理学认知理论，幼儿思维的发展分为三个阶段：动作思维阶段（3岁之前）、形象思维阶段（3～6岁）和抽象逻辑思维阶段（7～11岁）。这里主要讨论前两个阶段。

动作思维阶段

1岁后幼儿在言语发展的基础上出现动作思维萌芽，但其形成主要靠直觉行动，概括能力也较低。例如，桌上放着一个苹果，幼儿够不着，这时他发现旁边有张凳子，会把凳子搬过来，自己爬上去，成功地把苹果拿到手。幼儿学会借助别的东西来达到自己的目的。不到3岁的幼儿以动作思维为主，思维活动在动作中进行。

形象思维阶段

3～6岁的幼儿具体形象思维占优势。例如，3～4岁

时幼儿已知道苹果是好东西,知道自己吃了爷爷会高兴。但此时幼儿还不会推理到"因为苹果是好东西,所以自己吃了爷爷会高兴"的较高思维阶段。他们缺少立体感和空间感。这时,老年人可在幼儿拆装玩具或叠搭积木时,帮助他们理解平面与立体的关系;和幼儿玩图片分类和比较游戏时,可让幼儿从具体事物中学会归纳和抽象,利用幼儿的好奇心,多问他们各种问题,引导他们去观察事物和现象等。

虽然这一年龄段的幼儿已经开始学习简单的文字和数字,开始发展自己的抽象逻辑思维,但仍然离不开具体形象思维的支持。因此,在幼儿趣味游戏和科学活动中,实物和直观图像都是重要的辅助工具,更易于幼儿的理解。心理学相关研究一再表明:"幼儿的年龄特点决定了他们对物质世界的认识还是感性的、具体形象的;幼儿的思维还常常需要动作的帮助,他们对物质世界的认识还必须以具体的事物和材料为中介和桥梁,在很大程度上借助于对物体的直接操作。"

3岁开始,幼儿往往有丰富的想象力,模仿力极强,象征性和创造性游戏在5～6岁时非常适合此年龄段的幼儿,在游戏过程中,幼儿的思维活动和社会化角色会快速发展。想象力是指人在头脑中创造一个想法或思想画面的能力。当然,这种创造力并非凭空产生,而是在掌握一定知识的基础上完成的。毫无疑问,3～6岁幼儿的想象力实际就是对已有形象的再造、联想和迁移。这一年龄段的幼儿想象力仍处于迅速发展时期,但在认知方面还存在缺陷。例如,看到一个圆形,幼儿会说出很多相关的物品,像太阳、饼干、皮球等。由此可见,该时期幼儿的想象力具有复制和简单再现的特征,情境性较强而目的性较差。

情绪管理更重要

学龄前幼儿情绪体验丰富（如喜、怒、哀、乐、恐惧和焦虑等），很容易表现为外显情绪上的不受控制。其中恐惧与焦虑是最不良的情绪体验，比如与家人分离或到一个新环境。受批评、伤害后幼儿也会有明显的焦虑反应。高级情绪活动如同情心、孤独感、荣誉感、审美感、道德感、合作精神等也进一步得到发展。

从3岁以后到学龄前的幼儿时期，是一个幼儿的性格形成期，也是一个自我意识逐渐完善的时期，苏联著名教育家苏姆霍林斯基曾经说过，充满乐观情绪的自我认识是幼儿渴求知识的前提条件。也就是说，只有幼儿意识到"我也做得到"，幼儿才会更积极地去学习新知识。但这一时期，由于幼儿自身的"弱小"，他们恰恰较难从自己的日常生活中获得这种自信心。因此，让幼儿认可自己，给幼儿更多积极向上的生活体验，正是幼儿趣味游戏和教育活动的一项使命。

在2岁之前，虽然幼儿的独立性逐渐增强，但依赖父母之心仍然非常强烈。在很多家庭里，对2～3岁幼儿的教育，最棘手的是，虽然能使幼儿自立，但没能教会幼儿协作能力。即使是家庭生活中，幼儿和成人也很难协作，常常与成人顶嘴，有人将其称为"反抗期""叛逆期"，但它并不等同于"青春期""更年期"，因为青春期和更年期是每个人都必须经历的生理现象。而幼儿教育专家发现，2～3岁是协作精神形成的时期，因而需要在这个时期对幼儿开展协作性教育，而那些出现"反抗""叛逆"的幼儿，只不过是在家庭教育中，家长对幼儿的协作性教育方法不当而产生的一种现象。

3～4岁的幼儿情绪发展上一个显著特点是，他们的自立是通过任性表现出来的。幼儿的冲动性行为仍然很明显，随着语言和认知功能的发育，幼儿对外部行为的控制和调节能力迅速发展。5～6岁的幼儿不愿意服从成人要求时，会用较复杂的语言与成人协商。

总的来说，3～6岁阶段，幼儿的情绪体验已经非常丰富，出现了高级情感如信任、同情和道德等。情绪保持时间略长，但仍不稳定，经常要面临信任—欺骗、自主—依赖、依恋—分离等矛盾性情感问题，并且需要努力解决这些问题。

性别认同别忽视

3～6岁是性别认同和形成性别社会规范行为的关键时期，此阶段幼儿主要通过玩具及日常活动来体现其性别特征，4岁前差异不明显，5～7岁已逐渐显示出差异，故应正确引导幼儿区分其性别角色，这对其日后发展很重要。

2～3岁阶段，幼儿知道奶奶外婆是女的，爷爷外公是男的，男女之间在身体上是不一样的。家长要注意避免把男孩当女孩养，给他穿裙子。

4岁前，幼儿对身体部位产生好奇，会触摸生殖器等。但这阶段的幼儿观察生殖器和观察街上跑的汽车是一样的动机，没有什么区别，他们搞清楚了就没有多大的兴趣。而如果老年人更多地把成人的观念强加到幼儿身上是愚蠢的。

5～6岁，幼儿更喜欢与同性交往。这时老年人要告诉幼儿不要让人触碰身体上的敏感部位，自己也不能触碰别人的，要有性安全意识。

寓教于乐

根据对幼儿身心发展特点的分析发现,在3岁之后,幼儿无论在身体动作、言语还是思维、想象、注意力及情绪等各方面都在不断向成人的水平发展,但各方面还很不成熟和稳定。不仅不同年龄阶段的幼儿在身心发展上存在差异,不同幼儿在同一阶段身心发展也有很多不同。所以,老年人对幼儿教育活动的开展应更多地采用"寓教于乐"的方式,即"在游戏中学""在做活动中学",这样才符合幼儿的兴趣和需要,促进幼儿的全面发展。尽管下文中有些例子是借用幼儿园的教育活动内容,但是老年人可以根据幼儿自身生长发育的具体情况,而有选择性地结合家庭具体情况借鉴使用或改编。

华东师范大学学前教育与特殊教育学院华爱华教授认为,对于幼儿园的幼儿而言,在游戏中积累零散经验越丰富,在上小学后学习的效果就越好,幼儿的学习兴趣更浓,学习动机也更明确。只有从游戏的亲身体验中获取渗透性、经验性的知识和技能,才有利于提高智能,也有助于进入小学后系统地学习其他知识。

幼儿教育知多少

幼儿教育活动：是指由教师根据幼儿的兴趣、心理特点和认识规律，围绕某一个主题，创设一种熟悉的情景，进行策划并组织实施的教育活动。其目的是引导幼儿对生活中的科学现象和问题进行观察和感知，以获得寻求到自己想了解掌握的答案。在整个观察和感知过程中，培养幼儿初步学习基本的科学知识，习得初步科学方法和技能，主动构建表象水平上的初级科学概念，以及良好的科学行为与科学习惯。它通常能弥补平时学校教育过于注重学科知识、脱离社会实践的弊端，具有综合性、实践性的特点；启蒙教育活动既可以在学校中进行，也可以在校外教育场所（如社区、公园、博物馆和科技馆等）中进行。

科学技术是人类进步和社会发展的巨大动力。而教育活动是掌握科学技术的主要途径，此类活动是体现科技教育特色和优势的重要载体。在教育活动中，应带领幼儿走出课堂小天地，走进社会大课堂，采用多样化和灵活性的组织方式，引导幼儿主动和快乐地体验，使他们获得一定的科学经验。幼儿教育活动不仅能锻炼幼儿的观察能力、理解能力和动手动脑解决问题的能力，还能培养他们的团队合作意识、语言表达以及人际交往等诸多能力。

幼儿教育活动是人生科学教育体系的起始阶段与基础环节，也是培养幼儿科学素养的重要活动形式，一方面能满足幼儿自身发展的需要，另一方面也是幼儿园教育过程中必不可少的组成部分。幼儿教育活动具备了科学教育活动的特点，最终目标是培养幼儿早期的科学素养，主要包括：

促进幼儿的感知、理解和评价等认知能力发展；培养幼儿对周围世界积极的情绪反应和良好的个人品德。

科学素养从小抓

我国国民科学素养情况不容乐观，这是不争的事实。据中国科学技术协会第八次国民科学素养报告指出，2010年，中国国民具备科学基本素养比例达3.27%。比2005年的1.6%提高了1.67%，但这个比例落后日本和加拿大20年。我国城镇劳动者具备科学素养比例为4.79%，农民为1.51%。有研究指出，美国现在公民科学素养比例已经达到了30%。现实中，校车事件、伪冒商品、售假事件等频出。究其根源，是我们缺乏对科学的尊重和敬畏之心，不按科学规律办事。然而在今天，科学就像空气一样，无时无刻不包围着我们。懂得科学，尊重科学，用科学的态度解决问题，就会避免许多"意外事件"的发生，节省许多时间和金钱，减少不必要的焦虑，使生活更加快乐。而科学素养的形成绝非一日之功，是外在环境和科学教育日积月累长期作用的结果。所以应从幼儿期就培养幼儿初步的科学素养，即实事求是、热爱科学、认真严谨、尊重科学的态度和敢于质疑、乐于思考、善于创新的科学精神。从幼儿时期开始，帮助幼儿形成初步的科学素养成了当今社会对幼儿科学教育的要求，应成为幼儿科学教育的主要目标。

2001年7月教育部颁布的《幼儿园教育指导纲要（试行）》是迄今对幼儿科学教育目标最新的官方表述，具体规定了幼儿科学教育的目标。目标包括：对周围的事物、现象感兴趣，有好奇心和求知欲；能运用各种感官，动手和动脑，探究问题；能用适当的方式表达、交流探索的过程和结果；能从生活和游戏中感受事物的数量关系并体验到数学的重要和有趣；爱护动、植物，关心周围环境，亲近大自然，珍惜自然资源，有初步的环保意识。2016年9月，在素质教育取得显著成果的基础上，在增强21世纪学生核心素养成功适应未来社会这一前瞻性目标的驱动下，中国学生发展核心素养研究成果发布会发布了《中国学生发展核心素养》，强调以培养"全面发展的人"为核心，分为文化基础、自主发展和社会参与三个方面，综合表现为人文底蕴、科学精神、学会学习、健康生活、责任担当和实践创新六大素养，具体细化为国家认同等十八个基本要点。根据这一总体框架，可针对幼儿年龄特点进一步提出各学段幼儿的具体表现要求。

当然，这也为幼儿的科学发展提供了方向。结合各学段参与者与活动的具体情况，对科学教育总目标可分解为如下三个方面：情感态度与价值观、过程与方法、知识与技能。

幼儿阶段的科学教育目标中，3～6岁的幼儿教育活动着重于使其获得直接的体验和实践经验，培养幼儿的创意和探究兴趣，利用兴趣的驱动作用促进幼儿的求知欲。

情感态度与价值观目标

1. 富有想象力，保持幼儿对未知的好奇心和探究兴趣。
2. 学会尊重他人，乐于分享、与小朋友讨论交流。
3. 亲近大自然、融入大自然，了解自然事物和现象，爱科学，具有尊重事实的科学品质，形成初步的科学精神和态度。

过程与方法目标

1. 体验科学探究的过程,了解基本的科学探究方法,并积极参与一些初步简单的社会实践。

2. 获得简单探究解决问题的策略的感性认识。

3. 在做活动过程中初步形成一定的阅读、运算、观察和概括的能力,简单学会收集和处理图文资料的方法。

知识与技能目标

1. 了解有关语言、自然、劳动和社会等方面浅显的基础知识。

2. 尝试动手、动脑锻炼,协调手指之间、手眼之间的配合。

3. 获得有关周围事物及其关系的经验,并有会运用的倾向。

正确选择是关键

教育活动内容选择的原则

按照3～6岁幼儿各个年龄段所涉及的教育活动内容,选择内容的原则要求如下,可供老年人参考:

1. 科学性

在科学活动开展之前,应该做足"功课"。"功课"中重要的一个方面就是要储备相关内容的知识。下文以幼儿园的教学活动为例,供老年人参考。某次中班活动"胳膊肘上的褶",教育目标原定为使幼儿了解褶皱的作用,并且能在现实生活中运用褶皱的作用。然而，在组织实施过程中，教师通过开展分组吃水果游戏，让幼儿对胳膊上套纸筒和没有套纸筒的两个小组进行比较。教师总结："能吃到水果的小组，是因为他们没有套纸筒，褶皱帮助胳膊弯曲，而吃不到水果的小组，是因为他们胳膊上套了纸筒，褶皱不能动了。"这里，幼儿园教师将关节的作用和褶皱的作用混为一谈。教师出现知识性错误的情况在科学活动中常常发生。幼儿教育活动作为启蒙教育，虽然介绍的只是粗浅的科学知识，但不能忽略其科学性。这是对幼儿教育的必然要求。

又如，在吹泡泡游戏中，幼儿因吹泡泡而兴奋不已，纷纷说"老师，看我吹的泡泡""老师，我的泡泡比他的大""老师我能同时吹出两个泡泡"。教师应付着点点头，没有及时引导幼儿探究，幼儿们都跑出了活动区，造成混乱，这时教师才重回活动区，说："那我们就来比赛，看谁吹的泡泡大，看谁吹的泡泡多。"于是幼儿又争相排队，教师只能忙于去维持纪律。

提问是最有效的引导手段。当幼儿发现了有的泡泡大，有的吹得多，教师或家长就应该及时抓住幼儿的兴趣点，通过提问引导幼儿探究事实："为什么有人吹的泡泡大，有的却小？有的人吹得多，有的人吹得少？"从问题出发，引导幼儿探究不同的泡泡水和泡泡大小多少的关系以及吹泡泡的用具、力度不同与泡泡大小之间关系。

幼儿教育活动内容应选择基本的、具有代表性的科学知识，才能够促进幼儿对科学知识概念的理解、方法技能的掌握、观念态度的转变。例如，选择"小纸大学问""能干的小手""老房子新建筑""身边的空气"等与幼儿息息相关

的、熟悉的科学主题开展系列探索活动；幼儿教育开展的各活动单元之间应具有一定的知识关联性和技能递进性。例如，针对1～2岁幼儿可开展"认颜色"，3～4岁可开展"辨形状"，5～6岁可开展"猜词语"等。另外，教育活动所涉及的内容，如概念知识、试验方法等要具有科学性，没有科学错误等。

2. 适切性

幼儿园科学教育内容涵盖广泛。包括自然环境、身边科学现象和科学技术等多方面。科学原理及其现象在幼儿生活中无处不见。春夏秋冬、风雨雷电、花鸟鱼虫等都可以成为幼儿科学教育的对象。在现实中，成人常常根据现有的教材内容开展科学教育活动，把预设好的科学小实验和科学小制作当作科学教育活动的"重头戏"，忽视在生活中引导幼儿关注身边的科学现象。"树叶为什么往下掉？""有的树叶为什么不掉？"和"这样的虫子喜欢吃什么？它叫什么名字？它会咬人吗？"……这些问题普遍存在于幼儿日常生活中。在开展幼儿科学教育素材时首先要考虑内容和深度上，是否是幼儿感兴趣的，与幼儿现实生活的关系如何，是否对其成长有益。兴趣是幼儿学习的动机，美国教育家杜威曾说过："幼儿有调查和探究的本能。"幼儿是否感兴趣，直接决定活动的有效性。

另外，不同季节、不同地域选择科学教育内容应因时制宜、因地制宜。以农村为例，丰富的自然资源可以作为开展观察活动的主要对象。植物的生长、动物的习性和四季的景象……都可作为探究对象。在对周围世界的探索中，让幼儿理解、感受这些内容，了解周围世界的神奇，并感受科学就在身边。

因此,幼儿科学教育应根据幼儿的年龄特征和思维水平,活动内容应与日常生活紧密联系,选择直观、有趣、有创意和形式新颖的活动内容,引发幼儿的好奇心和学习兴趣,在科学学习上遵循由内涵到外延的方法。在实践中,经常会发现成人为幼儿预设的教育内容或者操作材料远离幼儿的生活,或者超出幼儿的年龄特点和认知规律,尽管花费很多时间讲解,幼儿并不感兴趣也无法了解。因而,在学龄前幼儿教育活动内容选择时一定要在满足幼儿兴趣的基础上,选择符合幼儿年龄、经验和认知特点的内容,这样才能更好地达成教育目标。所以要善于发现幼儿感兴趣的事物、游戏和偶发事件中所隐含的教育价值,把握时机,积极引导。通过幼儿感兴趣的方式和手段,引导他们认识生活中的科学现象,帮助他们获取各种经验。

3. 实践性

在某种意义上可以这么说,幼儿天生就是科学家,与生俱来的好奇心使他们对周围世界充满探索欲望,他们在一个又一个"为什么"中,主动地寻求着对问题的解答。古罗马教育家普鲁塔克曾指出幼儿的心灵"不是一个需要填满的罐子,而是一颗需要点燃的火种"。幼儿科学教育正是点燃幼儿心灵火种的重要导火索。幼儿科学教育的价值在于为幼儿一生的可持续性、和谐发展奠定良好的科学素养,并不只是让幼儿获得所谓真理性的知识,更重要的是享受科学探究的过程,领悟科学、运用科学,即能理解科学事实,进行科学推理,初步形成解决问题的能力。在感受科学中,产生对科学的兴趣,形成科学态度,获得科学精神,愿意并知道获得知识、认识事物的方法,这才是幼儿科学教育的目标所在。

苏霍姆林斯基说:"幼儿的智慧在他手指尖上。"幼儿天生好动,好奇心强,总想对感兴趣的事物摸一摸、玩一玩和做一做。幼儿教育活动恰好可以满足幼儿的这种天性,让幼儿在一定的情境中通过"老少同乐"趣味游戏感受和了解科学问题,并在适当的条件下让幼儿自己动手去进行操作,解决问题。充分发挥幼儿的主观能动性。引导幼儿通过感性经验进行抽象概括,使幼儿获得科学知识和经验。例如,在"吹泡泡"游戏中,可以让幼儿充分发挥自主性,先自己寻找材料,像大小不同的吸管、铁丝和棉线等。在活动中,幼儿有的把铁丝弯成小勺做成吹泡泡工具来吹,比比谁吹的泡泡大;有的用大小不同的吸管自由吹泡泡玩;有的把吸管插入泡泡水中吹气,或者在泡泡水中蘸一下吸管,然后拿出来把泡泡吹在桌子上,看谁吹的泡泡坚持的时间长……老年人还可以在旁引导幼儿观察、探索生活中还有哪些材料和工具也能吹泡泡,像干净的苍蝇拍、漏勺和鞋刷等,大胆地尝试将生活中的其他材料变成吹泡泡的工具。例如,在树叶上穿孔蘸泡泡水来吹,用干净的苍蝇拍在泡泡水中浸一下取出,在空中快速地往一个方向移动等。

4. 时代性

关注当今前沿科技发展情况,根据时代发展、科学技术的进步,来选择幼儿科学教育活动内容,把时代精神贯穿于幼儿教育始终。选取幼儿易于理解、浅显的科学知识,通过有趣的教学途径,让幼儿获取一定的科学知识。因而选择幼儿教育活动的内容时,要及时更新活动资料,去除陈旧的、无趣的和落后的内容,有意识地选择能够体现时代发展、科技前沿的内容,体现科学教育活动与时俱进的时代性。

教育活动内容选择的方法

幼儿教育活动的内容在经过精心挑选之后,还要加以合理与适当的组织,才能获得最好的效果。

1. 梳理年龄段特点呈横向递进

根据研究对象3～6岁幼儿,按照年龄从小到大,由左到右形呈横向排列。

2. 梳理适合的活动内容为纵向联系

根据《3～6岁幼儿学习与发展指南》提示幼儿科学探究的目标为三大点:即亲近自然,喜爱探究;具有初步的探究能力;在探究中认识周围的事物和现象。从幼儿身边的事物出发,3～6岁幼儿涉及的科学活动内容可围绕生物学科学(人体、动物和植物等)、自然科学(声音、力与运动、沉与浮、光影、电与磁、自然和化学等)、综合科学制作、地球空间等几大类主题,从上至下形成纵列。

3. 遵原则,循途径,找办法

按照3～6岁幼儿各个年龄段所涉及的探究活动内容,遵守学龄前幼儿教育活动内容选择的原则,循着科学教育活动内容选择的途径,可以有以下的科学探索系列活动内容,在横向和纵向上形成网状结构,步步螺旋提升(如表1所示)。

表1 幼儿科学教育活动内容举例

内容 \ 年龄		3～4岁	4～5岁	5～6岁
生物学科学	人	动动我们的身体关节;认识五官,如味觉、嗅觉、触觉等	认识手指;营养金字塔	指纹;食物旅行记;我们在呼吸

续 表

内容		年龄 3～4岁	4～5岁	5～6岁
生物学科学	动物	找一找动物的尾巴、嘴巴、脚印等	小动物的繁殖；比较鸟蛋的不同；谁和妈妈长得像	动物如何运动；动物保护色
	植物	认识植物的种子	认识植物的叶子	落叶植物；有用的植物；植物生长在哪里
自然科学	声音	好听的声音；声音从哪儿来	罐子里的声音	有趣的声音
	力与运动	物体落下来	不同斜面的滚动	多米诺骨牌、不倒翁
	沉与浮（水）	沉与浮，开小船	油与水；看谁喷得远；运水	乌鸦喝水；潜水艇的秘密；装装乐
	光影	影子游戏（找出动物的影子）	魔法勺子；有趣的光斑；神奇的光线	影子的眼睛；影子魔术师（长和短）；影子的颜色
	电与磁	小猫钓鱼；听话的气球	找磁铁的朋友；电动玩具	磁力车；磁环
	自然	太阳公公	空气在哪里	春夏秋冬——四季变化
	化学	吹气球	摇一摇：颜色变化	动物显原形
综合科学制作		叠叠高（积木、一次性纸杯）	纸条提水	风车；纸桌；橡筋动力车
其他（地球空间）		地球；不同土壤颜色；五大洲四大洋；环球旅行；齿轮和滑轮（升旗）等		

活动内容真精彩

幼儿教育活动按其活动性质不同,可分为幼儿"趣味游戏 快乐成长"和"教出科学小达人"两大类。这些3～6岁的幼儿教育活动主要由校外教育机构与幼儿园携手共同进行设计和研究,进而在学校课外活动和校外教育活动中进行实践、交流和展示,老年人可以参照这些内容,在家庭中进行选择性活动。

趣味游戏

幼儿趣味游戏是让幼儿依据一定的活动规则,运用想象和模仿,创造性地通过情景运动反映或再现现实生活中科学知识和科学技术的群体性游戏活动。其特点是在游戏中,以一个简单的科学知识或科学技术为主题,使幼儿边玩边练边学,成为活动的主人,在愉悦轻松的氛围中学习科学,快乐成长,这对年龄较小、初次接触科学教育的幼儿尤其适用,通常一个幼儿趣味游戏的呈现时间在8分钟左右。通过趣味游戏呈现简单的科学知识,为科学普及活动系列性地开展做好了铺垫工作。

科学活动

幼儿科学活动是幼儿教育活动的主体和普及的基础,其涉及的年龄段更宽泛,活动周期相对较长,短则5～7天,长则几周。幼儿科学活动是围绕一个活动主题,基于幼儿的直接体验,密切联系幼儿的生活和社会,活动形式丰富多彩,在以学生自主活动为特征的实践操作中,实践科学结论,发现新知识,是一种以幼儿的经验和生活为核心的实践性活动,能为幼儿探索水平的提高做好了必要的知识储备。

幼儿趣味游戏初步培养幼儿的科学探索兴趣,而幼儿科学活动则更深入,科技含量更高,活动时间则根据幼儿的年龄和活动性质的不同而不同,短则15～30分钟,长则分解成同一主题多次、系列性的探索。幼儿科学活动适应于3～6岁年龄阶段,用获取知识、接纳科学的思想观念,领悟科学家研究自然界所用的方法而初步进行尝试的各种简单、浅层次的科学活动,包括观察、测量、制作、构建模型和进行交流、记录等过程。其本质是初步将科学研究的领域引入活动场所,使幼儿科学活动通过简单模拟科学研究的探索过程,理解浅显的科学概念和探索的本质。

第二篇
趣味游戏

快乐·体验

老少同乐的趣味游戏是建立在老少血缘亲情基础之上的,是老年人和幼儿共同参与的温馨活动。通过互动交流能增进老少感情,而且还有助于幼儿健康快乐地成长。从科学的角度上看,老少同乐趣味游戏主要具有以下几个特征。

1. 身份平等

游戏活动的参与者之间身份应平等。老年人应该以平等对待的方式和幼儿相处,不能以长者的身份居高临下地和幼儿游戏。

2. 富有趣味

游戏内容应当让幼儿感受到游戏的乐趣,能够发挥自己的能力,同时老年人也能从其中感受到与幼儿互动的乐趣。

3. 启发智慧

游戏的设计应该符合该参与幼儿的年龄特点,切不可拔苗助长,操之过急。

4. 团队精神

游戏设计要讲究团队合作,要让幼儿自己积极地向老年人寻求帮助和协作,在这个相互配合的过程中,老年人方可寓教于乐。

外界初体验

　　同1岁前相比,1~2岁的幼儿最明显的特点是动作增多和复杂化。首先,1岁左右,幼儿已经可以练习独立行走,迈出了人生第一步,这使得幼儿接触的范围也更大了。其次,幼儿的手部精细动作也变得灵巧起来,会熟练地摆弄玩具,会拿杯喝水,拿勺吃饭等。除此之外,幼儿语言能力也迅速发展,他们不但能听懂成人的语言,能说一些简单句与成人交流,还可能根据成人的语言调节自己的行为。第三,幼儿出现了自我意识的萌芽。幼儿能把自己的动作和动作的对象区分开来。例如,幼儿开始知道由于自己扔皮球,皮球就滚动起来。随着自我意识的产生,1岁多的幼儿还产生了独立的需要。例如,学会走路之后,外出时不要成人抱,要求自己走。该时期和幼儿完成一些老少同乐趣味游戏,非常有利于幼儿的健康发展。

0-3月

视力快速发展时期，孩子能聚焦20厘米远的物体，您可以制作10厘米方块原色卡，在他的聚焦点缓慢移动，引导视觉发展。

3-6月

孩子视觉与听觉基本发育完成，您可以引导孩子观察周围的事物，利用自动寻声能力增强眼睛与耳朵的协调；提供可以啃咬的玩具，不仅发展手部触觉，而且强化嘴巴与舌头的探索能力。

6-12月

了解事物细节差异的敏感期，您要培养孩子关注事物的细节差异，可提供区分大小、色彩、声音、软硬、冷热、外形特征等不同属性种类的玩具，培养他视觉、听觉、嗅觉、味觉、触觉等各大感官能力的发展。

12-36月

探索事物的兴趣持续时期，也是五大感官能力精准练习时期，您可以由简到繁地为孩子提供细化感官练习，如制作系列色卡，区分色彩差别；用小罐子制作音筒，里面分别装米、绿豆、石粒，辨别声音；用绒布片、纸片、木片，区分触觉；用糖水、清水、盐水，训练味觉等。

0～3岁幼儿发育特点及活动指南

五彩的颜色

幼儿在出生后三四个月就有了对色彩的感受力,老人如何和幼儿一起通过游戏来认识颜色呢?

活动对象

1~2岁幼儿。

活动背景

视觉是幼儿的"智慧之窗",外界80%的信息都要通过这个窗口进入大脑,充分发掘视觉的潜在能力,将有利于脑部智力发展。幼儿开始认识世界是从色彩起步,要经过4个时期,即黑白期、色彩期、立体期和空间期。在不同时期,幼儿能感知到的色彩也各不相同。如果老人能抓住每个时期的特点,给予适当的色彩刺激,则不仅能够促进幼儿的视觉发育,还能进一步增强智力潜能的开发,促使幼儿脑部更早发育,变得更聪明。

0~4个月:婴儿的视觉神经发育处于黑白期,也就是刚刚能够分辨黑色和白色,能够注意物体的距离为20~30厘米。因此,在这个阶段给婴儿做视觉训练,老人可要掌握好方法。在这个阶段,老人可以拿一些图案简单的黑白玩具吸引婴儿注意,增强婴儿对黑白色调的敏感度,但也并不仅限于黑白两色,可准备各种形状的玩具为婴儿的视觉色彩期做准备。但要切记,这个阶段婴儿的眼球肌肉发育不完善,要调动婴儿的目光移动,不要让婴儿长时间盯住一个目标看,防止其视觉疲劳。

4～12个月：婴儿可以看见颜色了，特别是对红、黄和蓝辨别度较高，对其他颜色的区分还没有成人那么明显，但是婴儿的视觉范围已经扩大到1.5米左右。这时可以准备一些带声音的彩色玩具，用玩具和婴儿捉迷藏，有声又有色的互动，可以刺激视觉听觉等其他神经的兴奋度，对婴儿的视觉、听觉等五感发育都有好处。

12个月：这一年内，幼儿眼睛经历了从视觉模糊、黑白、彩色、清晰度缓慢发展等过程。同时对物体的观察也形成了从远近、前后、左右等立体空间的更多感受，这时候，一些稍复杂的玩具如3D玩具、声像玩具等都可以适当地准备给幼儿了。

活动材料

红、黄、蓝三种颜色的盒子各一个，红、黄、蓝三种颜色的小卡片若干张。

活动步骤

1. 在幼儿面前放三个盒子。
2. 老人先做示范，将各色卡片混合在一起。
3. 找出红色卡片，并拿到幼儿面前，说"红色"，每张卡片重复说2次，

▼ 红黄蓝知多少

然后将红色卡片放入红色的盒子中。

4. 然后将卡片混合，让幼儿从中找出红色卡片，并放入红色盒子中。幼儿刚开始放得不对时，老人不要着急，可以提醒一下；幼儿放对了，要及时给予鼓励。

5. 依次进行相同操作，让幼儿认识黄色和蓝色。

活动拓展

识别生活物品的颜色：

1. 老人准备不同颜色的小玩具若干，对应颜色的盒子若干。

2. 老人先示范将相同颜色的小玩具放入对应颜色的盒子。

3. 让幼儿自己动手进行分类。

多样的形状

形状是一种抽象概念，但1岁以后，老人可能会惊奇地发现：光看剪影，幼儿就知道那是眼镜！借助于游戏，也可以进一步地发展幼儿的观察和感知能力，让我们一起来分享一些好方法吧！

活动对象

1～2岁幼儿。

活动背景

人类的认知能力是从感知开始的。幼儿认识事物都是通过感性认识来完成的,当计划让幼儿认识某一种物品的某一种特性时,幼儿很有可能通过自己的体验和观察学习到更多的东西。因此,让幼儿认识形状有非常多的办法,但这些办法主要都是让幼儿多接触各种形状的物品。只要幼儿感兴趣,在生活中可多增加他们体验接触周围事物的机会,这样他们就会逐渐认识和感知。

活动材料

不同形状的卡片、积木等。

活动步骤

1. 认识形状

老人可以准备几种不同形状的卡片让幼儿观察并且学习该形状的名称。接着可以开展不同形状的"狩猎"游戏,看幼儿可以找到多少个不同形状的物体。老人可以多准备几种形状的物品。

2. 制作形状

提供各种图形模板,让幼儿沿模板轮廓描图,并填好颜色。接着用剪刀剪下图

有助认识形状的多面屋

巧手拼搭七巧板

案。也可以让幼儿自由设计并粘贴成各种形状,或从杂志上剪下特殊形状的图片。

3. 搭建形状

给幼儿和自己同样数目和形状的积木,可以尝试让其模仿拼搭相同形状的积木,也可以尝试让其自己拼搭。当老人和幼儿都搭完后,可以和幼儿一起观察两人搭的积木有什么地方相同,有什么地方不同。

4. 巧制形状

老人和幼儿一起将准备好的面粉、糖和水等材料按一定比例混合,揉成面团。将面团压扁,用小碗扣在面饼上压出圆形,用手或蛋糕刀做出正方形、长方形等各种形状的面坯子,再用烤箱或蒸锅蒸烤,然后和幼儿一起等待分享美味吧!幼儿自己动手,在劳动中不断增强了动手能力,学到了知识,同时品尝着自己的劳动成果:"我吃了一个正方形,我吃了两个圆形。"一定很有趣哦!

活动拓展

和形状有关的儿歌:

圆形圆形变变变,变个车轮地上跑,
变个皮球跳得高,我是圆形好宝宝。
正方形,变变变,变个盒子找一找,
变个枕头抱一抱,我是正方形好宝宝。
三角形,变变变,变个风筝天上飞,
变个帽子头上戴,我是三角形好宝宝。

奇妙的声音

从幼儿一出生,甚至是还在母体中的时候就可以开始进行音乐教育了。声音可以带来了许多的幻想和快乐,在听声音的游戏里,老人还可以教会幼儿很多知识。

活动对象

1~2岁幼儿。

活动背景

婴儿在出生的时候就有了"听"的能力。因而婴儿所获得的往往会成为一种强有力的、先入为主和先入为优的东西,并因此影响其一生。所以,给幼儿以适度的音乐刺激是非常必要的。半岁以前的婴儿就已经有辨别音乐中的

各种"声音"刺激下的幼儿反应 ▼

老少同乐

音色、音高、旋律和简单曲调的能力了，1岁半～2岁的幼儿已能伴随音乐节拍做出相应的身体动作和"舞蹈"动作。

音乐不但可以满足幼儿听觉发育的需要，而且据最新研究表明，让幼儿聆听音乐还可以促进其"智力"发育。

活动材料

空奶粉罐、纸盒子、筷子、不同动物的图片、小鼓、鼓槌以及毛巾等。

活动步骤

1. 听听哪个声音响

提前准备3件物品，一个空奶粉罐、一个纸盒子、一根筷子，先让幼儿猜猜什么东西掉在地上的声音最响，然后一一给幼儿听这三样东西掉在地上的声音，再给幼儿示范讲解什么东西发出的声音最响。幼儿对轻响声音已经有识别的能力了，有的幼儿甚至已经对声音轻响有了最简单的记忆，这个游戏就是在识别和记忆的基础上，让幼儿通过这类实验性的游戏去探究声音的轻响，并逐渐通过对比有一定的规律总结。

2. 谁在说话

给幼儿出示两张图片，分两组：第一组，一张是人、一张是小狗，然后让幼儿听人讲话的录音，让幼儿指出是谁在说话；第二组，给幼儿一张大人的图片，一张幼儿的图片，让幼儿听听婴儿哭和说话的声音，然后让幼儿指出是谁在说话。首先要教会幼儿认识身边比较熟悉事物的声音，特别是人和其他动物的声音。如果这一环节做得好，老人还可以让幼儿学会识别男声和女声，或是把家里每个人的声音录下来,让幼儿听录音就能指出是谁的声音。

3. 听音找落地物体

把幼儿的眼睛蒙上,把东西扔在幼儿身边,看幼儿能否根据落地物体的声音去定位物体位置。刚开始的时候,老人先玩给他看,否则可能会让幼儿觉得害怕。学习找落地物体是对声音效果的一种表现,游戏促进了幼儿听觉定位能力的发育。

4. 猜猜是谁在拍手

爷爷和奶奶分别站在房屋的两边,先让幼儿看看你们的位置,然后蒙上眼睛,其中一个大人拍手,让幼儿猜猜是谁在拍手;让幼儿转个身,你们的位置不变,再让幼儿猜猜是谁在拍手。该游戏促进幼儿的空间知觉能力的发展。

5. 感受自然界声音的长短和高低

让幼儿先听两种长短差异较大的声音。例如,火车鸣笛声和汽车喇叭声、小狗的叫声和公鸡的打鸣声,让幼儿感知自然声响的长短,让幼儿学学它们发出的声音。然后,可以教幼儿唱"啊——"的长短音。用同样的方式,可以引导幼儿感知自然界里声音的高低,还可以引导幼儿学唱音阶。通过自然界里的声响让幼儿感受声音存在长短和高低的区别,提高幼儿对声音的兴趣。

6. 声音怎么变轻

准备小鼓、鼓槌,用毛巾包裹住其中一个鼓槌,引导幼儿分别注意两个鼓槌敲在鼓上不同的声响,然后让幼儿指出哪个鼓槌的声音轻。由于有了包裹体,敲在小鼓上的声音变轻了,引导幼儿留心注意这个现象,然后用鼓槌再去敲打一下其他东西。对于做得好的幼儿,老人可以把毛巾拆

老少同乐

开，引导幼儿自己尝试包一下。对于多次重复做过该游戏的幼儿，老人可以直接就让幼儿指出哪个鼓槌声音小。

活动拓展

自制乐器：

日常生活中随处可见的小物品，经过能工巧匠的再加工，摇身一变成了一件件乐器，发出各种不同的声响。

制作气球鼓：

先选鼓基。可以使用一个塑料花瓶或一个塑料桶。容器有一定的深度，作为鼓基，避免使用玻璃或其他易碎材料。获取鼓皮，选择大尺寸、坚固的气球。可能需要多种尺寸，确保找到一个适合的鼓皮。把气球切开，拿一把剪刀将气球末端剪去。在基座上伸展气球，用一只手将气球保持在基座的一端，同时用另一只手将气球拉伸到另一侧，使气球完全包裹住花瓶或塑料桶的开口，用胶带将其固定到位。使用包装胶带将气球保持在鼓基座边缘周围的适当位置。老人就可以让幼儿使用木头制的筷子、铅笔或其他细长有圆头的物体开始即兴演出了。

制作沙铃：

选择振动筛容器。可以使用铝制的饮料罐、带盖的塑料罐或纸板圆筒来制作振动筛，木制容器也不错。每种类型的容器将最终产生不同的、独特的声音。放入一些东西，例如，珠子、干豆、大米、硬币、种子和沙粒等。用盖子密封住容器，用胶带封口。此外，还可以装饰你的容器，使用彩笔为振动器画上鲜艳的颜色和图案。摇晃容器时任何数量的小物品都会发出有趣的声音。幼儿拿着它，摇动它，就会手舞足蹈、非常开心。

触觉百宝箱

触觉是人体发展最早、最基本的感觉,也是人体分布最广、最复杂的感觉系统,是婴儿认识外界事物、探索世界奥秘的重要途径。以下的趣味游戏可以让幼儿练习良好的手感分辨能力,使幼儿逐渐通过触觉分辨出日常物品哦!

活动对象

0～2岁幼儿。

活动背景

触觉是婴儿安慰自己、认识世界以及和外界交往的主要方式。新生儿对不同的温度、湿度、质地和疼痛都有触觉感受能力。嘴唇和手指是触觉最灵敏的部位,新生

▲ 良好的触觉刺激有助于幼儿智力与情绪发展

儿就通过吸吮手指而自我满足。多元的触觉探索,有助于促进动作及认知发展。丰富的触觉刺激对幼儿智力与情绪发展都有着重要影响。因此,良好的触觉刺激是幼儿成长不可或缺的要素。

老少同乐

活动材料

不同类型的玩具，具体参考以下每个小活动。

活动步骤

1. 老人准备不同质地的布料。例如，小毛巾、小丝巾、棉布、羽毛和硬毛牙刷等揉搓幼儿的手臂、大腿、小腿、小脚丫以及小脸蛋等，一边揉搓一边告诉幼儿布料的触感。例如，滑滑的、粗粗的、软软的和硬硬的等多种感受。

2. 当幼儿已经有意识用手够取物品的时候，给他准备一些较轻但能发出响声的材质，如响纸、塑料袋等。幼儿在把玩的时候，不但能感到物品形状的变化，而且还可以制造出声响。

3. 当幼儿会爬之后，在做好安全防护措施的前提下，可让幼儿在不同的材质表面上爬行玩耍。例如，瓷砖、木地板、地毯、草坪、滑梯、爬行架等都会给幼儿增加很多不同触感的体验和乐趣。

4. 1岁以后可以尝试让幼儿自主进食，允许他们用手去探知不同食物在味觉上存在的差异，以及在具体手感上的不同。面条、米饭、馒头，以及胡萝卜、土豆和花菜，每一样食物都会带来不同的感受。真实的生活中的物品，就是幼儿最好的玩具。

5. 把家中最具安全性的、不会摔碎造成危险的、质地各异的锅碗瓢盆搬出来，再给幼儿两个小擀面杖，让幼儿来个锅碗瓢盆交响曲！

6. 把幼儿带到户外，真正地接近大自然，用自己的小手去触摸带着一点点毛茸茸质感的花瓣，看看沾染到手上的细腻花粉，摸一摸似乎带着些倒刺的小草茎，用小脚踩踩冰凉凉的水，蹭一蹭粗壮的树干，给温顺的小猫咪捋捋毛，感受一下阳光和微风……

7. 将一些小物品放进杂物袋中。例如，绳子、毛线团、棉线、线轴和扣子等。先让幼儿看一看这些物品，再用手摸一摸感受一下，然后把这些小物品放进口袋，束上袋口，只留一个刚能容幼儿的手伸进去的小洞。让幼儿伸手进去摸一颗扣子或一小束绳子，幼儿只能凭手上的感觉，不能用眼看。幼儿可以用双手，即一手在袋外，一手在袋内，两手配合去摸出一颗小小的扣子。再让幼儿凭触觉将指定的材料找出来。这个游戏要求幼儿能用手指分辨出不同布料，一开始的时候幼儿不一定能摸准，鼓励幼儿多次尝试，练习若干次就会学会了。

活动拓展

适合0～1岁婴儿的按摩抚触操：

训练目标：促进婴儿的触觉发展。

活动准备：床单、干毛巾、音乐。

操作方法：

给婴儿按摩指甲不能过长以免划伤婴儿，另外要摘去手指、手腕上的饰品，洗手，擦婴儿润肤油，播放优美音乐，铺好床单，准备好换洗衣服和纸尿裤，开始抚触。

抚触从头部开始，老人用两拇指从婴儿额头部中央向两侧推，然后两拇指从下颌部中央向两侧滑动，让上下唇成微笑状。然后，两手再从前额发际抚向脑后，最后两中指分别停在脑后。

对婴儿手和足的抚触，有利于婴儿精细动作的发展，四肢

老少同乐

的抚触有助于婴儿血液循环,促进婴儿的皮肤新陈代谢,增强婴儿皮肤的抗病能力。抚触的方法是用两拇指的指腹从婴儿脚跟向脚趾方向推进到各脚趾各关节。手的做法与足相同。记住用手抓住婴儿胳膊,交替从上臂向手腕方向轻轻紧捏,然后从上到下搓滚。双下肢的抚触方法和双上肢相同。

婴儿裸露全身(裸露全身也是一种锻炼,能增强婴儿的耐寒力),老人用双手从婴儿的胸部外下方向对侧上方交叉推进,在胸部画个大的交叉。

在婴儿腹部用两手依次从左下腹向左上腹、右上腹、右下腹揉动,呈顺时针方向画半圆,可以增强婴儿胃肠功能,促进消化、吸收和排便。

让婴儿趴下,以脊椎为中分线,用双手与婴儿脊椎成直角,向相反方向重复移动,由背部上方到臀部,再到肩膀,重复多次。

游戏时间:10～20分钟,每天可做一次。

注意事项:室温要调至27℃左右,抚触一般要在两次喂奶中间进行,或在婴儿游泳洗浴后进行。还要注意抚触时老人要用目光和婴儿交流,要一边抚触一边和婴儿说话。

延伸训练:可以配合舒缓的音乐,进行有趣味性、节奏性的抚触。

打翻五味瓶

味觉的发展因人而异,人和人之间的差别非常大。这其中有少量遗传的因素,更多的则是训练。从小开始训练味觉,能使幼儿获得敏锐的味觉辨别能力。

第二篇 趣味游戏

活动对象

0～2岁幼儿。

活动背景

人们对于味道的感知来源于尝到的各种口味与味蕾之间的神秘碰撞。在味觉的发育与形成过程中,基因起到重要作用。婴儿喜爱甜味讨厌苦味,这是一般的规律,但每个幼儿间也存在着差异。婴儿味觉的形成与胎儿期息息相关。在母亲腹中时,胎儿已能分辨多种味道并对它们做出反应。每个婴儿都拥有自己的"感觉接收器",在遗传作用的影响下,婴儿对不同味道的敏感度也不尽相同。

接触不同的食物可以逐渐丰富婴儿的味觉谱系,这一过程主要分为两个阶段。第一阶段,在婴儿4～6个月时,开始喂食除母乳或奶粉以外的食物。但母乳或奶粉仍然是婴儿的主要食物,只是辅以其他适宜婴儿适用的食物,如菜泥、肉糜、鸡蛋、鱼和淀粉含量丰富的块茎类蔬菜及水果等。第二阶段,始于婴儿8～12个月时,并持续整个童年时期。在此阶段幼儿将如成人一般,接触更多的食物及不同的味道。

幼儿2岁前会接受几乎所有口味的食物,这也是培

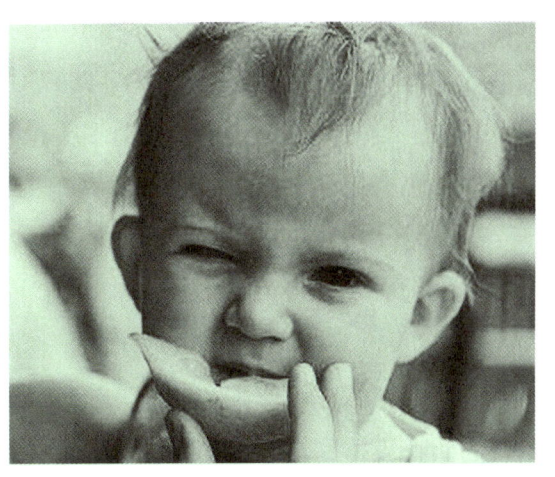

把握幼儿味觉发展关键期

老少同乐

养幼儿味觉的最佳时期,因为2岁后幼儿会对从前未接触过的食物产生抵触情绪,开始挑食。一项针对300名婴儿的研究显示,9成15个月大的婴儿都普遍接受全新的食物。所以,老人们要把握幼儿味觉发展的关键时期,促进幼儿味感的发育。

活动材料

1. 材料一:

一盘切好的各色水果,如小瓣蜜橘、小块苹果、小块香蕉或桃肉等,或是一小撮盐、糖、醋、辣椒等。

2. 材料二:

一杯牛奶、一杯苹果汁、一杯矿泉水、一杯绿茶。

活动步骤

游戏玩法一:

先蒙上幼儿的眼睛,老人要注意应用丝巾或手帕轻轻地遮住幼儿的双眼,然后将其所准备的食物逐一放入其口中,要求幼儿通过品尝,立刻判断出这是什么食物,并回答。如幼儿回答对了,再以此类推,至全部品尝完。不过老人要注意,不要用过分刺激、辛辣的食物让幼儿品尝。在幼儿答出正确答案时用鼓励、肯定的语言表扬。例如,"对了,你尝的食物就是梨子",如此等等。

游戏玩法二:

1. 准备好一杯牛奶、一杯苹果汁、一杯矿泉水、一杯绿茶,所有的饮料要用一样的杯子。

2. 对幼儿说:"现在我们来尝一尝杯子里是什么饮料,不许用眼睛看。"

3. 给幼儿端一个杯子,让幼儿闭上眼睛,用鼻子闻一闻,然后喝一小口,说出饮料是什么。如果幼儿说得不对,可以让他看一眼,再来猜。

4. 依次让幼儿品尝各种饮料,说出是什么。

活动拓展

认识酸甜苦辣咸:

1. 准备装有5种不用味道的水(如柠檬水或醋、糖水、苦瓜汁、盐水、姜茶等),以及筷子或吸管。

2. 让幼儿自由选择一个水杯,用筷子(或吸管)蘸一蘸水杯里的水,尝尝它们是什么味道的,并说说自己喜欢哪种味道。

认识各种饮料

3. 让幼儿在家里当"大厨师",自己动手拌凉菜。注意:在动手之前应让幼儿认识各种调味品,并提醒幼儿想一想自己要拌出什么口味的凉菜后再动手。

认识小五官

我是谁?我长什么样?幼儿对这个世界的探索,从他们出生那一刻就开始了。你知道刚开始幼儿探索最多的是什么吗?其实是自己的身体!

活动对象

1~2岁幼儿。

活动背景

在生命最初的几个月,婴儿探索最多的,是自己的身体,因为对于一个新生儿来说,自己身体的一切感觉和反应都是前所未有、新鲜未知的。本活动将带领幼儿关注自己的身体,感受和体验五官的外形特征、结构和主要功能,发展感知能力,能积极运用感官感知周围的世界。

活动材料

录制了不同声音的录音设备、布、不同的物件、五官拼图等。

活动步骤

1. 找五官

老人先出示一个布娃娃,让幼儿来看看,娃娃脸上有什么?

　　幼儿:"眼睛、耳朵。"

　　老人:"有几只?"

　　幼儿:"2只眼睛,2只耳朵。"

　　老人:"还有什么呢?"

　　幼儿:"鼻子、嘴巴、舌头。"

　　老人:"那你的眼睛、耳朵、鼻子、嘴巴、舌头在哪里呢?叫什么?(五官)大声告诉我五官有哪些?(眼睛、耳朵、鼻子、嘴巴、舌头)对,它们统称五官。"

　　老人和幼儿一起来唱"五官歌"。

五 官 歌

1=C 4/4

| 3 5 3 5 6 5 | 6 1 6 5 - | 3 3 2 2 | 1 - - 0 ‖

教师:两只眼睛在哪　里 在哪里?幼儿:眼睛在这　里。
　　　两只耳朵在哪　里 在哪里?　　 耳朵在这　里。
　　　小小鼻子在哪　里 在哪里?　　 鼻子在这　里。
　　　小小嘴巴在哪　里 在哪里?　　 嘴巴在这　里。
　　　小小舌头在哪　里 在哪里?　　 舌头在这　里。

　　我们知道了眼睛、耳朵、鼻子、嘴巴和舌头叫五官。那它们又有什么本领呢?

　　2. 认识五官的位置及其作用

　　老人:"鼻子有什么本领呢?"

　　幼儿:"鼻子可以闻气味。"

　　老人:"那它长在脸的哪里呢?"

　　幼儿:"脸的中间。"

　　老人:"小小鼻子本领大,长在脸的最中央,鼻子可以

老少同乐

闻气味。"

老人:"那鼻子的上面是什么?"

幼儿:"眼睛。"

老人:"眼睛有什么本领呢?"

幼儿:"看东西。"

老人:"鼻子上面是眼睛,眼睛可以看东西。"

老人:"那鼻子下面是什么?"

幼儿:"嘴巴。"

老人:"嘴巴有什么本领?"

幼儿:"嘴巴可以说话、吃东西。"

老人:"鼻子下面是嘴巴,嘴巴可以说话、吃东西。"

老人:"那耳朵有什么本领?"

幼儿:"听声音。"

老人:"那它在哪里?"

幼儿:"头的两边。"

老人:"耳朵耳朵听声音,长在我们头两边。"

老人:"刚才宝宝说得真好。我把你说的还编了一首儿歌呢!"

"小小鼻子本领大,长在脸的最中央,鼻子可以闻气味。

鼻子上面是眼睛,眼睛可以看东西。

鼻子下面是嘴巴,嘴巴张开是舌头。

耳朵耳朵听声音,长在我们头两边。"

3. 保护五官

老人:"眼睛如何保护?眼睛进了灰尘怎么办?"

幼儿:"少看电视,看电视离电视远一点。不要揉眼睛。"

老人:"鼻子如何保护呢?"

幼儿:"不抠鼻子,不把东西塞到鼻子里。"

老人:"有了鼻涕怎么清理干净?"

幼儿:"用手帕擦。"

老人:"嘴巴如何保护?"

幼儿:"不把脏东西、小手放嘴巴。"

4. 游戏"指五官"

玩法:老人说眼睛,幼儿就指眼睛。家长说鼻子,幼儿就指鼻子。

老人不断变换口令,速度不断加快。

角色互换,重新来一遍。

5. 我的耳朵灵

老人和幼儿边摸耳朵边念儿歌:"耳朵耳朵快醒来,听听我是谁?"念完儿歌,老人播放事先录好的幼儿熟悉的声音(例如,汽车、摩托车的喇叭声、自行车的铃铛声、常见小动物的叫声、人的笑声和哭声等,或在桌子底下敲击幼儿熟悉的能发出声音的物品),让幼儿猜猜是谁或是什么物品发出的声音。

6. 我的眼睛亮

请幼儿先看清楚桌上放置的物品,然后老人用布将桌上的物品盖住。请幼儿闭上眼睛,老人将布覆盖住的物品抽出一个藏起,再请幼儿睁开眼睛,并将布缓缓打开,并请幼儿说说桌上少了什么物品。待幼儿熟悉游戏规则后,可以增加或减少布内物品的数量再请幼儿猜。

活动拓展

我的五官:

1. 指五官:老人说出一个五官的名称,请幼儿迅速、正确地用手指出。

2. 摆五官：提供五官拼图，让幼儿根据已有的经验自由操作，尝试摆五官，并说说五官的名称及五官对人的帮助。

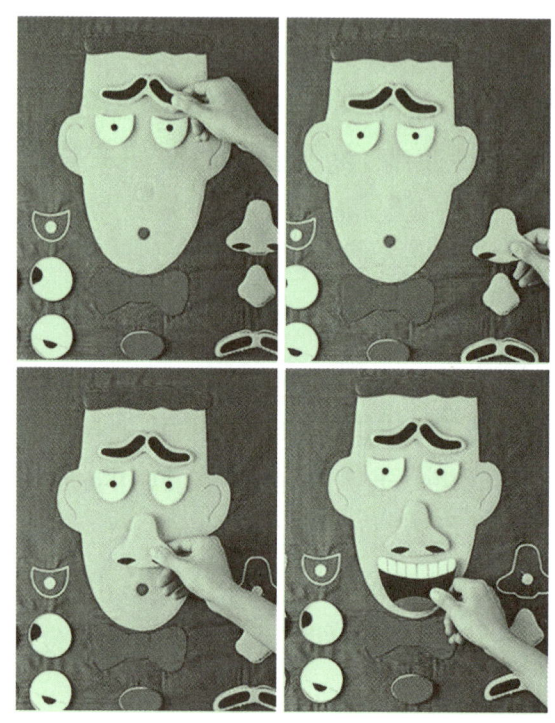

▲ 趣味认知人体五官

老少同乐

动出小天地

　　3～4岁处于幼儿期的初期阶段，也是进入幼儿园的小班年龄。首先，这时期幼儿的生活范围扩大。随着幼儿进入幼儿园，新的环境对幼儿最大的影响是：从只和亲人接触的小范围，扩大到有教师、更多同伴的新环境。生活范围的扩大，引起了幼儿心理上的许多变化，使幼儿的认识能力、生活能力及人际交往能力得到了迅速发展。其次，3～4岁幼儿的认识活动往往依靠动作和行为来进行。3～4岁幼儿的认识特点是先做再想，而不是想好了再做。例如，画图之前，他即使说了"画小人"，在画画的过程中也会发生变化，画完之后可能还会惊讶地说："大气球！"3～4岁的幼儿在听别人说话或自己说话时，也往往离不开具体动作，他们的注意也与动作联系在一起。第三，3～4岁的幼儿模仿性很强，对成人的依赖性也很大。幼儿还常常模仿成人，对成人说话的声调、坐姿等都会模仿。这个年龄的幼儿在游戏中，喜欢和别人担任同样的角色。例如，玩开汽车，同伴都要当司机。一辆车上甚至有好几个司机，没有乘客，他们也不在乎，反而玩得很开心。

小手真灵活

如何锻炼幼儿手指的灵活性,有什么简单的道具可以派上用场的?让我们一起来玩一个简单的游戏"剥豆豆",还能帮助幼儿学习颜色分类噢!

活动对象

3～4岁幼儿。

活动背景

手是幼儿感悟世界的重要途径,可爱的小手不但可以协助幼儿料理生活,还可以开发幼儿的智力。这是因为人的大脑中有许多细胞是专门处理手部感觉和运动信息的。所以经常玩一玩手指游戏,可以帮助大脑皮层建立更多的神经联系,让大脑变得更聪明。我们常常说的心灵手巧是很有道理的呢!

幼儿年龄小,开展活动时,需要通过材料来完成。本活动选择的材料是玩具豌豆,其中有不同颜色的豆豆3～4粒。该活动既能发展幼儿的思维能力,还能锻炼幼儿手指的灵活性,而且还能让幼儿学习将豆豆按颜色分类。

活动材料

布艺玩具扁豆(袋内装不同颜色的豆豆3～4粒),小筐。

老少同乐

▲ 布艺玩具扁豆

活动步骤

1. 剥豆豆：老人引导幼儿拉开拉锁，将豆豆一粒一粒地从扁豆皮内取出，锻炼幼儿的手指灵活性。

2. 分豆豆：老人启发幼儿按豆豆的颜色，分装在不同颜色的筐里，发展幼儿的观察能力。

3. 数豆豆：在老人的指导下，让幼儿数一数豆豆有几粒，发展幼儿数数能力。

4. 拾豆豆：将豆豆分撒在地板上，引导幼儿捡豆豆，锻炼幼儿弯腰拾物的能力。

5. 投豆豆：老人引导幼儿将豆豆投到相应的筐里，提高幼儿动作的协调性。

6. 唱儿歌：在开展剥豆豆游戏的过程中，老人可以和幼儿一起唱儿歌或者说绕口令。

儿歌：《数豆豆》。

《数豆豆》

1=C 2/4

| 1 2　3 5 | 6 1 6　5 | 1 6 5 3 | 2 5 1 2 | 1 2　3 5 |
| 一二 三四 | 数豆豆儿 | 豆儿圆溜 | 溜 | 五六 七八 |

| 6 1 1 6 | 1 6 5 3 | 1 2 1 |
| 哎哟　呦 | 装进我的 | 小裤 兜 |

绕口令：《剥豆豆》。

《剥豆豆》

小妞妞，剥豆豆。
剥蚕豆，剥豌豆，
剥毛豆，剥黑豆。
剥了一碗小豆豆，
送给奶奶炒肉肉。

活动拓展

老少手指操：

1. 击掌游戏

老人和幼儿同时伸出一个手掌，进行击掌；老人的手掌可以变换不同的位置（上、下、左、右），让幼儿迅速反应后击中手掌；熟悉游戏后，老人的速度可以加快一些，方位也可以进行调整。例如，桌子上面、被子下面、站起来、坐下去，让幼儿想办法击中即可。

2. 对指游戏

老人伸出一根手指，幼儿也伸出一根手指，进行对指；
老人伸出两根手指，幼儿也伸出两根手指，进行对指；
老人伸出三根手指……直到伸出五根手指，跟幼儿完整对指一次。

待熟练游戏后，老人可以不规则出手指，如伸出食指跟小指让幼儿对指，当然幼儿也要伸出食指跟小指；老人还可根据幼儿对指反应来调节游戏速度。

3. 手指画图游戏

幼儿伸出手指在老人的背部、手心、手背上画图，让老

人猜。例如,幼儿画圆圈,老人说出幼儿画的是圆圈;还可猜幼儿用了几根手指在画图;幼儿可以从一根手指开始,慢慢增加手指,直到老人猜不出为止;然后交换,换老人画,幼儿猜。

4. 手指点点乐

一根手指点一点,两个食指碰一碰;

两根手指剪一剪,食指、中指做剪刀状;

三跟手指弯一弯,食指、中指、无名指同时弯;

四根手指叉一叉,手指、中指、无名指、小拇指交叉;

五根手指变一朵花,左手掌和右手掌手腕相碰做花状。

5. 土豆

土豆土豆(双手握拳敲击两次)心心(拍手心两次);

土豆土豆(双手握拳敲击两次)背背(拍手背两次);

土豆(双手握拳敲击)心(拍手心);

土豆(双手握拳敲击)背(拍手背);

土豆(双手握拳敲击)心心(拍手心两次);

土豆(双手握拳敲击)背(拍手背)。

拼图小动物

3~4岁这个阶段,大多数父母都注重幼儿的大运动和语言发展,却往往忽视了同样重要的精细运动发展。想要让幼儿参与精细运动很简单,让我们一起进入下一个游戏吧!

第二篇 趣味游戏

活动对象

3~4岁幼儿。

活动背景

3~4岁是幼儿各种感知发展的敏感期,也是协调能力发展的关键时期。在这个时期,幼儿开始喜欢控制自己的身体运动,喜欢用手拿捏各种东西,这时无论是简单的大动作还是精细的小动作,都会对幼儿的运动能力提高有帮助,尤其对手眼配合能力、手指的灵敏度等提高明显。简单的拼图游戏是锻炼幼儿手眼协调性最有效的方法。

活动材料

简单"镶嵌类"的动物拼图若干、画有简单房子和院子的彩色图纸。

活动步骤

1. 老人可以指着图纸上的小动物或物体,让幼儿说出动物或物体的名称。

2. 然后,一边说"今天天气真好,我们请某个小动物出来

看图说一说 ▼

老少同乐

玩",一边把小动物放到彩色图纸的"院子"部分。例如,老人可指着小牛,教幼儿认识小牛,然后说:"今天天气真好,我们请小牛出来玩。"一边把小牛拿到拼板外面。

3. 接着让幼儿练习将小牛拼板重新拼好,一边说"天黑了,请小牛回家",一边将小牛拼图放回板内摆好。

4. 老人和幼儿可以轮流进行。

5. 帮助动物回家。

在幼儿能够熟练将各种小动物拼图取出和放回之后,可以尝试让幼儿在众多动物中找出正确的小动物拼图进行操作。比如同时拿出小牛和小老鼠的拼图,让幼儿请小牛回家,引导幼儿选出正确的拼图,放回拼图板。进一步拓展,可以增加拼图数量,让幼儿从更多的拼图中,找出正确的拼图,并放回对应的拼图板。以此锻炼幼儿的认识能力和手眼协调能力。

活动拓展

自制拼图:

把看完的杂志或宣传单上有图画或照片的一页做成拼

▼ 拼图培养幼儿手眼协调能力

图吧！用手把纸张撕成2～3片，然后再让幼儿把它们拼成一张图。"这个是眼睛吧""红色衣服在哪里"，根据页面内容的特征，幼儿就能够拼出完整的图。如果幼儿的拼图能力不错，老人还可以把页面剪成更多更小的纸片，增加拼图难度，以培养幼儿的耐心和细心。

拼图成功后的喜悦会让幼儿变得更加自信，激发幼儿"还要玩"的积极性。同时，也提高了幼儿对颜色、形状等的观察能力，帮助幼儿理解局部和整体的关系。

青蛙跳荷叶

如何锻炼幼儿的肌肉能力，促进幼儿肌肉的发展？在一定的情景下跳跃活动是一个简单又有趣的选择噢！

活动对象

3～4岁幼儿。

活动背景

由于骨骼肌肉系统的发展，大脑控制能力的增强，加上日常生活中大量的练习所获得的技能和经验，3～4岁幼儿身体和手的基本动作已经比较自如，能掌握各种大动作和精细动作。从足部运动技能来说，3岁幼儿可以单足跳跃、双足跳跃和一定距离定向跳。该游戏有助于在老少活动中发展幼儿的跳跃能力，促进幼儿足部肌肉的发展，同时还能体验游戏的乐趣。

老少同乐

▼ 青蛙跳荷叶道具

▲ "小青蛙,本领大,跳跳跳,呱呱呱"

活动材料

用纸张自制的荷叶、小青蛙头饰、害虫毛绒玩具、一个小篮子。

活动步骤

1. 老人把荷叶一张一张铺开放在地上,对幼儿说:"春天来了,池塘里也长出一些害虫,我们变成小青蛙去吃掉害虫,好不好?"

2. 老人和幼儿一起说:"小青蛙,本领大,跳跳跳,呱呱呱。"

3. 老人扮演大青蛙带幼儿扮的小青蛙跳到荷叶上,一次捉一只害虫,放入篮子中,然后再返回去。

4. 大青蛙说:"现在小青蛙长大了,自己去捉害虫吧,我们在家等你。"

5. 老人可以根据幼儿的活动情况,适当改变荷叶与荷叶之间的距离以及方向。

活动拓展

青蛙头饰手工制作:

发挥想象　巧手制作　▲　　　浓墨重彩　栩栩如生　▲

1. 老人准备几张绘制有青蛙轮廓的卡纸。
2. 老人和幼儿分别给青蛙涂上颜色。
3. 用剪刀沿着青蛙的轮廓将青蛙剪下。
4. 准备订书机和松紧带，用订书机将松紧带订到青蛙图案的两边，头饰制作完成。

牛仔真勇敢

可以通过什么游戏来增进和幼儿之间的亲密关系，同时又对其成长有所帮助呢？接下来让我们一起进入一个充满想象力的游戏吧！

活动对象

3～4岁幼儿。

活动背景

3～4岁的幼儿已具有丰富的想象力，集中表现在游戏

老少同乐

中,游戏是3～4岁幼儿的主导活动。由于这个时期幼儿的想象力异常活跃,他们可以给任何一样东西加上想象的象征性意义,每一种游戏都有幼儿所想象的特殊含义,任何一种游戏中都藏有打开幼儿心灵大门的钥匙。

活动材料

瑜伽垫或软的泡沫地垫。

活动步骤

1. 老人促膝而坐,向后仰躺下,双脚抬起,小腿与大腿呈90度。

2. 各自双脚并拢,双方以脚底相触。

3. 然后说:"小牛已经准备好,欢迎我们的牛仔上场。"并引导小朋友爬到老人小腿上。

▼ 小小牛仔

4. 告诉小朋友:"请骑士扶好把手,小牛就要开始奔跑。"并引导小朋友抓好老人的脚。

5. 老人通过腿的配合运动,让幼儿坐着摇摆起伏。

6. 由于这个时期的幼儿想象力丰富,该游戏会让幼儿感觉自己就是勇敢的骑士,正坐在牛背上奔跑。同时也有助于老人锻炼身体。但由于游戏过程可能会出现幼儿"摔落牛背"的情况,所以一定要注意安全措施。

7. 角色互换

游戏结束后,可以让幼儿和别的同伴一起合作,由玩具熊作为牛仔,完成这个游戏,让幼儿体验相互合作的乐趣。还可以由老人给幼儿简单介绍牛仔文化。

活动拓展

角色扮演类的老少游戏种类比较多,再推荐几个角色扮演和运动相结合的老少游戏。

1. 小鸡出壳

材料:大张废旧报纸,每张画一只大鸡蛋。

玩法:让幼儿发令说:"预备——起!"老人和幼儿迅速拿起报纸,小心地从蛋中间撕破一个洞,然后将头、肩、躯干和脚从报纸中钻出,再跨出报纸。发出"叽、叽"声,一只小鸡就孵成了。可以继续重复游戏,要是将报纸撕破了,就算失误。最后孵出小鸡最多的人为优胜。

2. 袋鼠爷爷/奶奶

玩法:让幼儿双手抱紧爷爷的脖子,双腿夹紧爷爷的腰,像小袋鼠一样紧紧挂在爷爷的胸前。奶奶抱着幼儿,双脚向前跳跃(奶奶弯下腰,双手双脚着地爬行)。

两人抬花轿

周末天气晴好,一家人可带着幼儿去户外玩耍,这时又有什么游戏可供大家选择的呢?来看下一个游戏吧!

老少同乐

活动对象

3～4岁幼儿。

活动背景

3～4岁的幼儿很喜欢结识小伙伴并同其玩耍。让老人带小朋友和其他家庭的小伙伴一起游戏，相互配合，在这个过程中使其认识到并不是所有人的想法都与之完全一样，每一个人都有独特的性格，要懂得学会沟通分享。幼儿的知识力、想象力和各种社会能力也能在其中得到较充分的发挥。处于这个年龄段的幼儿已经具备一定的行为能力，可以通过游戏引导和培养他们独立行为的能力。

活动材料

不同颜色的马甲（例如，蓝色是爷爷的衣服，红色是奶奶的衣服）。

活动步骤

▼ 同心协力抬"花轿"

1. 以家庭为单位，游戏开始前，老人和幼儿在终点处放着事先准备好的马甲（事先告诉幼儿蓝色的马甲是爷爷的，红色的是奶奶的）。

2. 游戏开始时，老人双手交错搭成"花

轿"，让幼儿坐到"花轿"上，要让幼儿双手分别搂住老人的脖子后，老人再一起抬起幼儿向终点前进。

3. 到达终点后，老人将幼儿放下，并指导幼儿去拿相应颜色的马甲，给老人穿上。过程中，老人可坐下方便幼儿操作，但不能动手帮助，只能通过语言指导幼儿完成穿马甲的过程。

4. 待幼儿帮老人将马甲穿好后，又坐上老人搭好的"花轿"返回起点。

活动拓展

现在大多数家庭都是独生子女，幼儿平时玩伴少，大多是自己一个人玩，到了新的集体环境中，常会表现出胆怯内向、不知如何和别的小朋友玩的情况。以下的小游戏，不但有趣好玩，而且可以教幼儿在玩乐中学会"合作"是怎么一回事！

1. 脚尖传球

适合幼儿一起玩的游戏，在家里老人和幼儿也可以一起玩。用脚尖把球传给旁边的人，球落地者就出局啦！想一直参与游戏，就要配合旁边同伴来接球哦。

众人合力脚尖传球

2. 呼啦圈旅行记

一个人玩呼啦圈简单，但是和小伙伴一起玩就没那么容

老少同乐

动动手指转呼啦圈

易！在呼啦圈上贴一个标记，每个幼儿用食指来转动呼啦圈，从起点转到终点，使圈完成旅程。过程中每个幼儿的手指都不能离开呼啦圈哦。

3. 火车开动

把报纸粘在一起，让幼儿依次站在里面，组成一列长长的火车。大家步调要完全一致，小火车就能顺利出发啦！

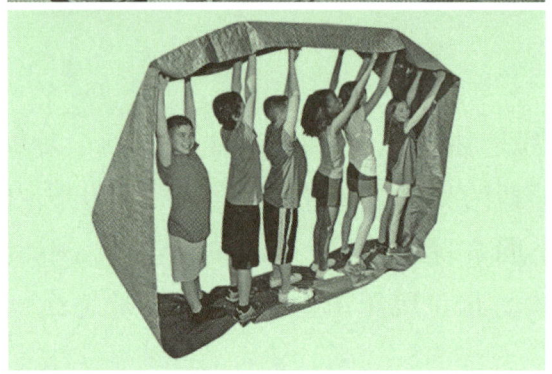

小火车，出发啦

你我齐步走

学龄前是幼儿各方面飞速发展的阶段，包括体育、智育、德育、美育和劳育等。在体育中，协调能力尤为重要。开展游戏是锻炼幼儿协调能力很好的方式噢！

活动对象

3～4岁幼儿。

第二篇 趣味游戏

活动背景

幼儿的协调能力，是指全身各个部位能够相互配合完成特定动作的能力。假如幼儿身体各个部位协调不好，就很难做好一件事，活动能力相对而言就会比较弱。因此，老人应及早地给幼儿创造一定的条件和环境，让其充分探索，而做游戏是幼儿最喜欢也是最有效锻炼动作协调性的方法。

活动材料

脚印贴、大大小小的玩具。

活动步骤

1. 踩踩小脚印

在地面上随机地放置五颜六色的小脚印，让幼儿踩着脚印到达目的地。注意小脚印之间的距离要适当，每次的路线可以发生变化。

2. 翻越障碍物

障碍物的选择是多种多样的，可以是幼儿大大小小的玩具，也可以在地上画个圈儿，然后用语言和动作示

踩着脚印找奶奶 ▼

翻越障碍物　跨过人生"道道坎" ▲

老少同乐

▲ "一二一、一二一"

范，告诉幼儿游戏规则，引导他们从障碍物上跨过去。跨越障碍物时请老人注意幼儿的安全，防止幼儿跌倒后头撞上玩具的尖角。在此，也建议老人可以选择一些布偶玩具作为障碍物。

3. 双人双脚走

在地面上画好圆形、长方形、曲线等，并适当地增加一些小障碍物。老人从背后用双手扶住幼儿腋下，让幼儿的双脚站在老人的双脚上，然后和幼儿一起边念口令"一二一、一二一"，一边沿着画好的图形行走。可以通过往前走或者向后退变化行进的方向。行走的速度也可快可慢，但要注意幼儿的安全。

活动拓展

跳房子：

这个老少游戏适合在户外开展。老人先在地面上画出若干个不同的几何图形，告诉幼儿这些形状分别代表什么，还可以在几何图形内部注明数字编号或文字。之后，老人指引幼儿往其中一个几何图形内跳进去。游戏升级后，还可以擦掉几何图形里面的数字或文字，待发出指令，让幼儿凭记忆跳。

玩转小皮球

蒙台梭利博士认为手是智力发展的工具。手部动作的每一个微小进步都代表着脑部的革命性进步。那么,该如何训练幼儿的手眼协调能力呢?

活动对象

3~4岁幼儿。

活动背景

手眼动作的协调是指人在视觉配合下手的精细动作的协调性,是由小肌肉的能力配合知觉能力而组成的。幼儿的双手会根据知觉信息而改变活动的方向及力度,这就是手眼协调能力在生活中的运用。手眼协调能力能促进小肌肉与知觉协调,让幼儿更好地适应环境的要求,进而促进幼儿智能的发展。

幼儿手眼动作的协调是随着神经的发育而逐渐发展的,在这个过程中,老人的引导和协助非常重要。当胎儿尚在母亲的子宫里面时,便已经有听觉和触觉能力;所以当幼儿渐渐长大时,通过模仿大人的动作,自己也会想去抓、拿物品,进而练习手部抓握的能力,再加上视觉、听觉和触觉能力的发展,便能逐渐刺激手眼协调的能力。幼儿通过玩弄物品,可以从中感觉到物体的大小、形状、颜色、质地等特点,从而加深对物体特征的认识,也能提高幼儿的观察能力,让幼儿在玩耍中增长不少见识。

老少同乐

活动材料

布、彩色球及彩色纸盒。

活动步骤

1. 轨道滚球

准备一块长方形的布料,老人和幼儿分别拉住长方形的两条边,将小圆球放在布块的上方。老人和幼儿统一喊口号,通过双手调整小球滚动的方向。

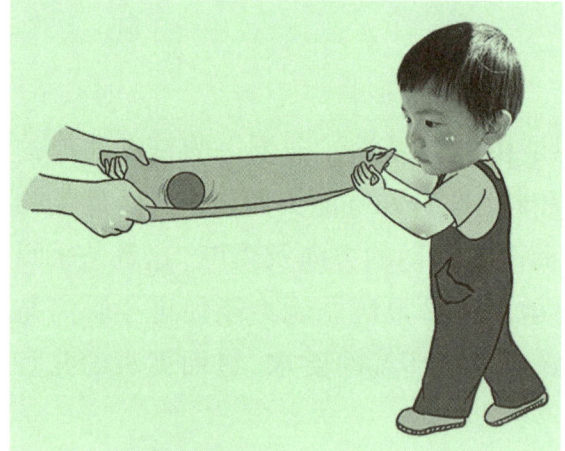

▼ 你拉我扯滚圆球

2. 抛接球

老人和幼儿保持2~3米的距离。两人分别两脚分开站稳,两手把球向上抛,眼睛盯着小球看,当球落下时要接住。紧接着,交换角色将皮球抛给对方。游戏过程要提醒幼儿轻轻抛,可以根据自己的能力调整抛的高度,抛

▲ 巧辨颜色　对号入座

过头顶。

3. 对号入座

给幼儿准备若干种颜色的小球和纸盒,每种颜色的小球3～4个。首先老人引导幼儿对颜色要有初步的认知,接着训练幼儿的颜色辨别和认知能力,根据颜色将小球分别装入不同的盒子中,或者老人提供指令,让其把相应颜色的小球放入相应颜色的纸盒内。

活动拓展

踢球游戏:

1. 初级游戏

老人和幼儿保持2～3米的距离,老人引导幼儿用脚尖踢球,并注意皮球滚动的方向,然后老人用脚截住滚来的小球,并再次将球踢回给幼儿。以此锻炼幼儿眼睛和脚的协调能力。

2. 升级游戏

老人和幼儿相隔2米左右的距离,在两人的中间放两个障碍物。两人尝试传球时让球从两个障碍物的中间穿过。

踢球游戏——穿越障碍物
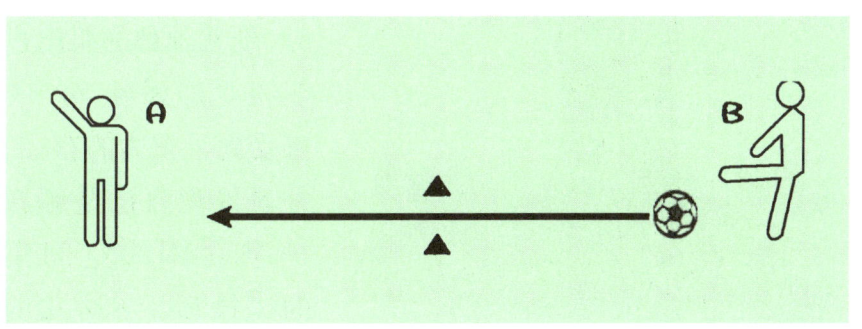

老少同乐

小小运输工

平衡力不好的幼儿走路不太稳,容易跌倒,而且身体和大脑的协调能力也比较差。那么如何锻炼幼儿的平衡力呢?其实,在家里经常跟幼儿玩这几个老少同乐游戏,就能让幼儿平衡力变得棒棒的!

活动对象

3～4岁幼儿。

活动背景

平衡感对幼儿运动能力的发展有着极其重要的作用。老人应该都记得幼儿的抬头动作——这是幼儿第一个平衡动作,它对培养幼儿日后的平衡能力很重要。幼儿越是经常抬起头来,传递给大脑的平衡信息就越来越准确。同时,幼儿颈部的肌肉也变得更加强壮。幼儿感受到了重力的存在,并且发现自己是躺在一个立体的空间里的。最后,当幼儿的

▼ 跨水坑、顶毽子,训练平衡好方法

脑袋抬的时间越来越长,而且能稳当地抬着头的时候,他就开始想整个身体都站立起来了。这样的平衡行为构成了幼儿进行其他平衡训练的基础,在幼儿1～3岁期间,在他学会了翻身、坐和爬行,然后学会了行走、跳跃和跑动的时候,他的平衡感就已被训练得越来越好了。

在幼儿2～3岁已经能跑能跳的时候,老人可以多带他去公园、游乐场滑滑梯、荡秋千、攀爬梯架、跳蹦床和骑三轮车……这些都能使大脑的平衡感得到训练和发展。在幼儿自己跃过一个水坑或一个障碍后,他也会感到无比自豪。同样,如果他跌了一跤,这也是平衡训练必要的课程。

活动材料

吸管、乒乓球、篮筐、气球、打气筒、沙包。

活动步骤

1. 吸管运球

幼儿和老人各拿一支吸管,将乒乓球从起点的篮筐运到终点的篮筐。运输过程中,不得用手直接触碰乒乓球,中途掉落视为无效,需要从起点重新开始运输。看一看谁运输得更快?

2. 夹球跳

准备好气球,幼儿和老人各拿一个气球夹在自己大腿的中间,双脚起跳,将球运输到终点。中途如果球掉落,需要重新从起点开始运输。比一比谁跑得更快呢?

3. 运沙包

在起点和终点之间设置一些障碍物。幼儿和老人站在起点,头顶沙包,绕过障碍物,奔向终点。在奔跑的过程中

不能用手扶沙包，如果在运输的过程中沙包掉落则需从起点重新开始，赛一赛，看谁跑得更快？

活动拓展

小小螃蟹运球：

"八只脚抬面鼓，两把剪刀鼓前舞，生来横行又霸道，嘴里常把泡沫吐。"猜猜这个谜语的谜底是什么？螃蟹！现在介绍一个需要两人协作的螃蟹运球游戏，可以邀请幼儿的同伴一起参加！

两个幼儿为一组，两人学小螃蟹的姿势，背靠背，夹住球。胳膊像钳夹一样互相勾住，向前走，走到终点再返回，把球放入筐内，然后排在队尾等待下次继续玩。下一组幼儿只要等前一组的幼儿把球放入筐内就可以出发了。两只"小螃蟹"一定要注意团结协作，使球不要掉下来，如果掉了，从头再来，走时一定要注意安全。

成长新空间

　　5～6岁阶段的幼儿，骨骼发育进一步发展，手部的小肌群开始发育，初步能做一些精细的动作，能够双脚并跳。动作概念基本明确，主要依靠肌肉感觉调节控制活动，动作协调、准确、熟练。能够根据信号变速走、跑和追逐等，完成各种复杂的游戏。5～6岁是幼儿园大班的年龄，也是即将进入小学的年龄，这时期心理活动的概括性和有意性的表现更为明显。该阶段幼儿的活跃主要不是停留在身体的活动上，而是表现在智力活动的积极性上。他们有强烈的求知欲和认识兴趣。抽象能力明显萌发，能够掌握如"左、右"等比较抽象的概念。幼儿开始掌握认知方法，出现了有意地自学控制和调节自己心理活动的方法，在认知活动方面，无论是观察、注意、记忆过程，或是思维和想象过程，都有了一定的方法。例如，在观察图画时，5岁后幼儿已不再是胡乱地看，而是能够按照一定方向或路线（如从上到下，从左到右）依次扫视。幼儿的个性初具雏形，幼儿的心理活动已经开始形成系统。也就是说，个性的形成过程已经开始。幼儿的各种心理活动互相紧密地联系起来了，先前的心理活动、先前形成的态度,影响着后来的心理活动和对事物的态度。心理活动系统的方向开始逐渐稳定。5岁幼儿脑重约为成人的75%,6岁时约为成人的90%,脑的结构已相当成熟。5~6岁幼儿的走路速度基本与成人相同,平衡能力明显增强,可以用比较复杂的运动技巧进行活动,并且还能伴随音乐进行律动与舞蹈。手指小肌肉快速发展,已能自如地控制手腕;运用手指活动,如灵活地使用剪刀,会用橡皮泥等材料捏出各种造型,还能正确地使用画笔、铅笔进行简单的美工活动等。在老少同乐游戏过程中,可以有意地锻炼幼儿身体的协调能力,培养幼儿的规则意识、合作意识及竞争意识。

巧妙识数字

从1数到9,幼儿可以轻而易举地就完成了,像在念一段绕口令,但此时的幼儿真能理解数字的实际意义吗?通过这个游戏帮助幼儿更好地揭开数字的神秘面纱!

活动对象

5~6岁幼儿。

活动背景

当幼儿成功地从1数到20时,老人会觉得教幼儿数数很简单。其实并非如此,如果把20粒小石头放成一堆,再让幼儿数数,往往就数不清楚了。从会"数数"到真真地会数数还有很大的距离。幼儿认识数总是先从口头数数开

老少同乐

始，然后再点着实物数，接着才能根据数的结果说出总数，再按着实物数拿到同样数量的实物。这个过程的特点是由掌握无意义的数字声音到掌握数的实际意义，由学会认数到运用数，由形成数的观念到形成数的概念。

活动材料

积木、娃娃玩偶。

活动步骤

1. 娃娃过桥

玩积木的时候，老人用三块积木搭成小桥，问幼儿："小桥是几块积木搭成的？"然后一起来数一数。再拿起一个小娃娃说："这是一个小娃娃。"拿着娃娃从桥的一边走到另一边，停在桥下。再走过2个或3个，和第一个娃娃停在一起。问："一个娃娃走下了桥，又一个娃娃走下了桥，现在桥下有几个娃娃？桥上有几个娃娃？"巩固幼儿对1、2、3的数的认识，发展手的精细动作。利用手指巩固幼儿对10以内数的认识。

2. 伸指头

老人与幼儿面对面坐着，一边念儿歌，一边做动作。儿歌是："你拍一，我拍一，请你伸出指头一；你拍二，我拍二，请你伸出指头二……"一直念到10。动作为：念"你拍一"时，各自击掌一次，然后互击右掌一次；念"我拍一"时，各自击掌一次，然后互击左掌一次；念"请你伸出指头一"时，各自伸出一个指头，指头随数增加，超过五时用两只手表示。

3. 看谁找得快

让幼儿在家中找出哪些东西代表数量"1"，例如，1台电视机、1台电冰箱、1张床、1只花瓶和1张桌子等。再让幼儿找出哪些物品代表数量许多,如许多椅子、许多衣服、许多鞋子、许多碗、许多毛巾等。让幼儿理解"1"和"许多"的区别。

4. 拍拍手

老人和幼儿面对面坐着,老人拍手让幼儿数次数,先说出老人拍了几次,然后再自己拍出同样的次数。如果幼儿能连续拍对三次,就与老人交换角色,由幼儿来出题;如果幼儿说错或拍错了,就得重新开始计数。让幼儿学习"相等""一样多"的概念,练习听音计数。

5. 分纽扣

把家里各种各样的纽扣拿出来放在桌上,找一个有分格的盒子。告诉幼儿这些纽扣有黑色、白色等多种颜色;有的纽扣有两个眼儿,有的纽扣有四个眼儿;有的纽扣是圆的,有的纽扣是其他形状的等。然后让幼儿自己选择一个分类的依据,把纽扣分到不同的盒子里。

活动拓展

数字儿歌:

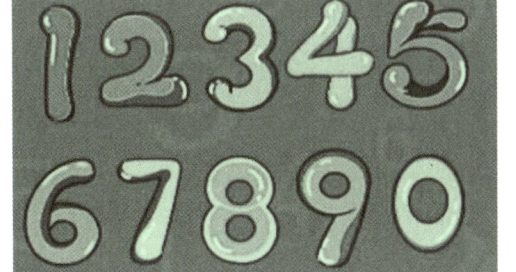

趣味数字

1像铅笔能写字,
2像小鸭水中游。
3像耳朵很听话,
4像红旗迎风飘。
5像秤钩称白菜,
6像口哨能吹响。
7像镰刀割青草,8像葫芦能装水。
9像饭勺能盛饭,10像油条和大饼。

老少同乐

词汇小达人

拥有良好的语言表达能力是一个人良好的素养之一。幼儿成长到这个阶段,还有什么游戏可以用来锻炼幼儿的语言表达能力呢?一起来看看吧!

活动对象

5～6岁幼儿。

活动背景

5～6岁是幼儿大脑快速发育的时期,出现了明显的抽象逻辑思维的萌芽,他们在逻辑推理能力方面还是初步的,在认知方面能根据概念分类;按类别记忆;掌握了部分和整体的包含关系;掌握"左右"等比较抽象的概念;对因果关系也有所理解。开始能够比较条理清楚地独立讲述所看到或听到的事情和故事,有的幼儿甚至能够讲得绘声绘色。随着语言能力的发展,在幼儿的思维中,形象和语词的相互关系也逐渐发生变化,语词的作用加强,能够发清楚全部语音,能听懂较复杂的句子,理解一段话的意思,掌握表示类概念的词汇及表示因果关系的连接词,语言的连贯性有所加强,逐渐摆脱表象、形象的束缚,开始抽象思维。猜词游戏不但可以增进老少关系,也能锻炼幼儿的表达能力和理解能力。

活动材料

小黑板或者写有不同词语的纸板。

活动步骤

1. 每两人为一组,一人说,一人猜。两人面对面(一人看黑板或纸板,一人背对黑板或纸板)。

2. 游戏开始时,一人看纸板上的词语(例如"看电视")。

3. 一人通过语言表述或者肢体动作进行表达(过程中不得出现词语中的任何字词;若出现,则视为无效,进入下一个词语)。

4. 当一人猜对词语,则进入下一个词语,或者两人任何一人觉得该词语难以猜出,为了节省时间,也可以喊"过",继续猜题。

5. 每组游戏时间为400秒,20个词。当出现10个词后,二人交换位置,继续完成后10个词。

活动拓展

讲故事猜名字:

首先让小朋友讲故事,讲完之后,让老人猜故事的名字。相较上面提到的猜词游戏,这个游戏可以提供更多的时间,让幼儿来尽情展现他们的语言天赋,而老人更多的是担任一个倾听者的角色。

小 小 演 说 家

1岁半到3岁是幼儿语言表达能力快速增强的阶段,幼儿从说得很少发展到说得很多,也很喜欢说。这个时期是锻炼幼儿语言表达能力的关键时期,接下来推荐一个培养

老少同乐

小小演说家的妙招！

活动对象

5～6岁幼儿。

活动背景

正文前文所述，5～6岁幼儿在成人正确的教育与引导下，语言表达能力进一步增强。该阶段幼儿的词汇更加丰富，可以与成人自由地进行交流，已经初步掌握语法结构，开始产生内部言语（即默语），并且能初步掌握书面语。言语对行为的调节功能也比以前加强了，在行为方面带有一定的自觉性和计划性。并且，幼儿已具有很强的逻辑思维能力，喜欢纠正别人发音的错误，但对自己没能准确发音的词语却故意回避。6岁左右，幼儿不仅可以完整、连贯地说话，还会更加大胆、生动和有感情，并喜欢在讲话过程中配合肢体动作。同时，5岁左右的幼儿能比较自由地表达自己的思想感情，有强烈的表达诉求，乐于谈论每一件事。语言的发展与智力和情感的发展互相关联，幼儿的不同个性也逐渐显现。幼儿会经常模仿大人的语气讲话，也乐于表演自己熟悉的故事，进行角色扮演游戏等。

活动材料

玩具、玩偶。

活动步骤

1. 名词联想

启发幼儿的联想能力，练习使用名词。由老人说出一个字,然后让幼儿说出和这个字相联的词,说得越多越好。例如,"花"字,可以联想说出:花篮、花环、鲜花、花坛、花布、花手绢、花边、花蝴蝶、花盆、花架和玫瑰花……按照以上的玩法,还可以提出其他的字,如车、水、火、木、纸和树等。

2. 动词联想

老人手拿玩具小猴说:"小猴最喜欢学人的样子,今天宝宝就来做教师教教它。我说一个词,宝宝就做动作给它看,好不好?"然后老人说出一个简单的动词。例如,说"蹲",幼儿即做出相应的动作,立即蹲下。老人也让小猴做出同样的动作,同时说:"小猴也学着做呢,看,它也蹲下去了。"幼儿会感到很有兴趣。照此玩法,可以说出一系列的动词。例如,跳、走、爬、摸、举、挠、叉腰、吹喇叭、打鼓和弹琴等。

3. 词组联想

老人做一个动作,让幼儿说出相应的动词,并组词接龙。例如,老人做"抱"的动作,幼儿说:"抱,抱娃娃。"老人接着说:"抱,抱西瓜。"幼儿可说:"抱,抱被子。"……组词越多越好。

4. 儿歌联想

老人两手交叉于体前,拇指和食指相点,放在眼睛上,当照相机,假装给幼儿照相。一边照一边念:"小宝宝,坐坐好,看看我,笑一笑,爷爷给你拍张照。"然后让幼儿学着给爷爷拍照,并且要把儿歌改成:"好爷爷,坐坐好,看看我,笑一笑,宝宝给你拍张照。"等熟练后,再让幼儿给其他人拍照,要求必须根据拍照人的称呼来变换儿歌。

老少同乐

活动拓展

如何在生活中抓住培养幼儿语言表达能力的契机？

3岁左右，幼儿的语言词汇增加很快，看图讲话是促进幼儿词汇变得丰富快捷的方法之一。老人可用故事书上的彩图分别叙述每一件事物。例如，先让幼儿形容书中的角色，"这是谁？""是个小男孩。""他在干什么？""吃苹果。""吃什么样的苹果？""吃又大又红的苹果。""苹果是什么味道的？""又酸又甜的。""香不香？""苹果很香。"把这些分开的小段连起来成为"小男孩在吃一个又酸又甜又香的大红苹果"。让幼儿跟着说几遍然后自己说，引导幼儿一边观察一边说出可以形容事物的词语，使语言丰富起来。同时，老人还要善于捕捉日常随机的言语训练时刻。例如，在从幼儿园回家的路上，和幼儿聊聊幼儿园的一天，看看幼儿认识了哪几个小朋友，他们叫什么名字，有哪些表现等。还可问教师今天上什么课，学到哪些新知识，看幼儿能否讲清楚。这时，老人如果及时了解幼儿的学习内容，还可以和幼儿一起回忆学过的儿歌，这会提高学习热情和语言表达能力。

4岁左右，幼儿具备了一定的语言听说能力，老人可以为幼儿讲故事，当故事讲到一半时，让幼儿想象，让他自己把故事讲完，慢慢地学会自编故事，按事情先后发展顺序过程讲出来。这既锻炼了幼儿的想象力，又促进了语言叙述能力。有时，老人还可以针对故事的内容提出问题。例如："这人为什么感到快乐？"让幼儿练习用一些关系推理词来回答问题。例如，"因为他帮助了别人"。这一类的关系推理词可以通过讲故事使幼儿应用自如，并能应用到日常生活中，使幼儿学会按关系推理解决问题的能力。

社交小能手

幼儿能够拥有较强的社交能力与活动能力,对其日后的发展有着重要的作用。游戏是幼儿参与社交的好选择。以下的游戏会分享幼儿所需的社交技能呢,快来看看吧!

活动对象

5～6岁幼儿。

活动背景

5～6岁时,同伴群体开始对幼儿产生明显的影响。他们更喜欢同一个或更多的小朋友一起玩耍,而不愿单独玩

▼ 传递情绪做社交小能手

老少同乐

了。他们能互相指定角色，设计游戏情节，并在想象世界中一起解决问题，喜欢竞争并渴望成功。当然，同伴之间也可能发生矛盾，这时幼儿可能已经知道选择解决矛盾的方法，一般不会再轻易采用"武力"方式。幼儿会通过改变自己的行为来使朋友开心，也会努力让教师高兴；能够在集体活动中遵守一定的规则，自制力和忍耐力有所提高。老人可以有意地培养幼儿的社交能力。

活动材料

玩偶。

活动步骤

1. 传递表情

家人和幼儿围坐成一个圈儿，让幼儿注意观察其中一位家人的表情，然后把观察到的表情用语言描述出来，并再次模仿给下一位家人看。同样，幼儿做一个表情，由家人描述并模仿给另一位家人看。依次进行此游戏可引导幼儿留心观察他人的表情，同时学习认识情绪。认识情绪是管理情绪、提升社交智慧的前提。

2. 我们都是机器人

爷爷奶奶和幼儿假装机器人，爷爷手里有"遥控器"。奶奶嘴里发出一个命令，两个机器人要按照指示做相应的动作。每次喊停，"机器人"就要听令定住，且维持此前的最后一个动作不变。几个人可以轮流互换角色。如此可以引导幼儿学会倾听，并学习控制自己的身体和动作。

3. 小刺猬来跳舞

在地上划定一个范围，幼儿和老人都站进去，假装是刺猬,不能靠得太近,因为身上有刺,会刺疼对方。放一首歌曲,老幼开始手舞足蹈地跳起来,但同时又要留心保持距离,否则就会"刺疼""流血",累计一定次数后出局。此游戏可以让幼儿学习群体中人际交往的合适距离。

4. 找不同

一位老人带幼儿一起,让另一位老人躲进屋子,使穿戴发生一下变化。例如,脱掉鞋子,或者除去围巾、手表,再或者解开一粒扣子和挽起一只袖子等。等这位老人出来后,让幼儿找不同。该游戏可以引导幼儿学会观察他人,试着将注意力放在别人身上。

活动拓展

帮助5~6岁幼儿克服社交退缩:

有些5~6岁的幼儿会表现出不愿到陌生的环境中去,以及在陌生环境中害怕、胆小、退缩和沉默寡言等行为特点。这种通常称为社交退缩,社交退缩的幼儿缺乏人际交往的能力,难以应付各种人际交往情境而导致自卑,孤僻离群,焦虑不安,并直接影响到幼儿的生活和学习。

幼儿的退缩行为是缺乏自信的表现。这种懦弱退却的反应,既与他与生俱来的气质有关,也和家庭、学校和社会的教育分不开。

作为老人该如何去帮助幼儿克服自卑,帮助幼儿树立自信心呢?

1. 应培养幼儿独立自主的能力,让幼儿学会自己管理自己。相信幼儿的力量和能力,培养幼儿的勇敢精神,让幼儿甩开处处依赖别人的"心理拐杖",独立自主。

2. 鼓励幼儿参加各种社会活动,多方创造条件,使幼

儿能和其他同伴一起玩耍，一起做游戏，并多陪幼儿一起参加社交活动，让幼儿适应公共场所的活动。对已经出现退缩行为的幼儿，老人更应帮助他们克服孤独感，适应外界环境，在小伙伴之间建立和睦的人际关系。

3. 老人对幼儿不要溺爱，以免养成过分的依赖性，也不可对其态度粗暴，以免使幼儿恐惧不安，害怕与人接触。要鼓励幼儿从小热爱集体，热爱生活。老人的亲切和信心，有利于幼儿克服性格上的缺陷，塑造其开朗的性格。

4. 应对幼儿在社交中出现的合群现象，给予鼓励，逐渐增加他们的社会活动次数，经过多次社交实践和老人的正确心理诱导，绝大多数有退缩行为的幼儿，都可成为性格开朗的人。

▲ 手牵手，我们都是好朋友

彩虹请进家

每次雨过天晴看到彩虹，无论大人还是小孩都会特别兴奋！你知道彩虹的秘密吗？你能变出彩虹吗？一起来体验下一个游戏吧！

活动对象

5～6岁幼儿。

活动背景

5～6岁幼儿的观察目的性有所提高,能主动观察周围感兴趣的事物,如芽和树的变化、蚕和蝌蚪的变化等,并能掌握一些观察方法,且对这些现象的求知欲和探索欲变强,常常会提出"这是什么""为什么"和"怎么做"等问题。老人可以巧妙地使用一些材料和工具与幼儿一起进行实验,探索自然现象的奥秘。

大自然中的美丽彩虹 ▲

活动材料

玻璃杯、不透明塑料袋(如塑料信封)、小镜子、水盆、手电筒、白纸、剪刀。

活动步骤

1. 用阳光制作彩虹

（1）准备一个玻璃杯，并装满水。

（2）把镜子放在玻璃杯中，并倾斜一定的角度。

（3）把水中的镜子对准阳光。

（4）调整镜子的角度直到在墙面上看到彩虹为止。

2. 在黑暗中制作彩虹

（1）用剪刀在塑料袋上剪出一个1厘米×10厘米大小的长方形孔。

（2）把小镜子放入袋内，镜面在长方形孔处露出。

（3）将镜子和塑料袋一同放入水盆中，使镜面处在水面之下，斜靠在盆沿。

（4）用手电对着镜面照射，让镜面反射的光线照在白纸上。

（5）仔细观察发现白纸上会出现一个亮块，观察亮块里有红、橙、黄、绿、青、蓝、紫的七色"彩虹"。

活动拓展

小故事：彩虹形成的秘密。

雨后，小白兔从屋子里跑出来，用手指着天空，高兴地喊道："快出来看呀！天空出现彩虹了！"小公鸡跑出来，连忙对小白兔说："快不要用手指它，要烂手指头的！"

小白兔毫不客气地说："谁告诉你的？！这是迷信！"

小公鸡委屈地说："奶奶给我讲的，怎么能是迷信呢？"

这时，小羊走过来，笑着对他们说："从前，科学不发达，对天空出现的彩虹，没法儿解释，便说成是神仙显的灵。后来，科学发达了，是英国大科学家牛顿第一个揭开了彩虹的秘密。"

接着，小羊便给小白兔和小公鸡讲了一段故事："三百多年前，牛顿为了研究改进刚问世不久的天文望远镜，制造了各种形状的玻璃镜进行试验。有一天，他在一间暗室里工作，只让一束阳光从小孔射进室内。当他让光束从一块玻璃制的三棱镜上通过时，没想到，在墙上映出了美丽的七色光带，依次是红、橙、黄、绿、青、蓝和紫，同天空中出现的彩虹一样。牛顿经过多次反复试验，出现的都是这种情景。于是，牛顿就断定，明亮的太阳光并不是单一颜色的光，而是由七种彩色光组成的。"

小公鸡听得入了迷，兴致勃勃地问道："雨过天晴，天空为什么会出现彩虹呢？"小羊说："那是因为刚下过雨，太阳光穿过由许多细微小水滴组成的水汽层时，就像穿过三棱镜一样，会变成红、橙、黄、绿、青、蓝和紫七色光带。"

小白兔特别喜欢联想。听了小羊的讲解，立刻想到了一件有趣的事。有一天，它和小白兔打水仗，当它背着太阳，朝小白鹅喷出一口水时，空中曾经出现了一条小彩虹。想到这里，小白兔立即跑回屋子，含了一口水，也去背着太阳站好，猛力向空中喷去。顿时，在飘浮着的小水滴当中，隐隐出现了一条小彩虹。

这条彩虹虽然没有天空出现的彩虹大，但是，小公鸡看着它，从中明白了太阳光是由七色组成的科学道理。

阳光是由红、橙、黄、绿、青、蓝、紫七色光带组成的。原来彩虹的出现也蕴涵着科学道理噢。

神奇钓冰块

幼儿也可以尝试"钓鱼"啦，是"冰块鱼"！这个游戏里又藏着什么秘密？一起来看吧！

老少同乐

活动对象

5～6岁幼儿。

活动背景

幼儿对科学小实验总是充满好奇，兴趣浓厚，他们可以在实验中感受到科学的奥妙，从而爱上学习，享受快乐！本游戏分享很棒又很有趣的科学小实验！幼儿都听说过钓鱼，但他们有听说过"钓冰块"吗？怎么样才能用一根细绳像钓鱼一样把冰块钓上来呢？跟着实验一起来解开"钓冰块"的秘密吧！

▲ 当盐遇到冰

本实验的原理是：食盐能降低冰块的溶解度，所以撒有盐的一部分冰会融化成水。但由于周围温度很低，融化了的水又凝结成了冰块，把放下去的线凝结了起来，因此向上提线，就能把冰块钓起来了。

活动材料

筷子、细绳、盐、冰格、一个杯子。

活动步骤

1. 在冰格中装满水，在冷冻柜中冷冻两个小时，制成实验所需的冰块。建议可以选择不同形状的冰格,增加游戏的趣味性。

2. 冰块冻好后,向玻璃杯中倒入凉水。

3. 拿出一块冰块,放进盛着凉水的玻璃杯里(冰块会浮在水面上)。

4. 将细绳放在冰块上,在上面撒少许盐。这时你会发现冰块稍微融化了一点。

5. 大约过了10分钟,轻轻提起细绳。这时,你就钓起了冰块。

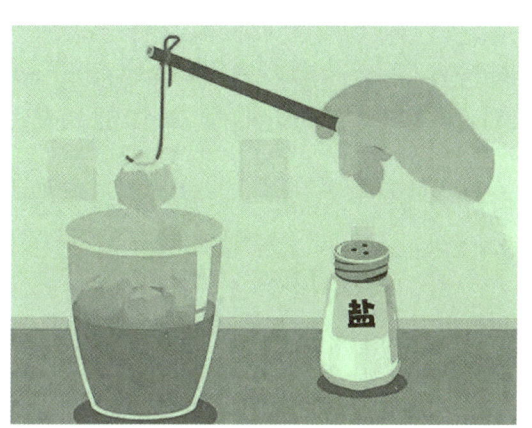

神奇钓冰块 ▲

活动拓展

揭秘:在冬天结了冰的路面上,人们是怎么预防交通事故的呢?

当气温降至零摄氏度以下,并且空气湿度较大时,路面上就会形成薄冰。人们走在上面就很容易滑倒,会给大家的出行带来危险。

道路结冰指示牌 ▼

而盐可以降低凝固点,如果我们在零摄氏度的冰水中撒盐,冰就会再次转化为水,这样人们就

老少同乐

不会在路上滑倒了,这就达到了预防交通事故的目的。

我是饲养员

培养幼儿成为一个有爱心、有责任感的人,对其身心发展大有裨益。通过游戏可以培养幼儿的爱心和责任心,同时还可以增加幼儿探索未知的兴趣,来看看吧!

活动对象

5～6岁幼儿。

活动背景

美国思想家、文学家爱默生说:"培养好人的秘诀就是让他在大自然中生活。"自然教育就是要训练幼儿的眼力、专注力并增加他的自然知识与经验,以及感受大自然的奥秘与美妙的能力,从而学会欣赏自然、尊重生命以及热爱生活。除了走进大自然,自然教育还可以在家里开展,老人可以通过带领幼儿体验种植植物或者饲养小动物,并且制作自然观察笔记,从而训练幼儿的观察能力,并培养其主动学习的精神及对自然生态的了解。

活动材料

鱼缸、水草、小鱼数条。

活动步骤

1. 在鱼缸内置入水,并和幼儿一起布置小鱼的家。
2. 带幼儿买几条小鱼,不需买太多,可以选孔雀鱼或是球鱼等,雌雄的都可以选一些,方便幼儿观察记录。

3. 老人可为幼儿准备一本笔记本,鼓励幼儿随时将观察的现象记录下来。记录的形式可以采用绘画,也可以老人用文字配合幼儿进行记录,从而完成一个家庭饲养的记录。

注意事项:

1. 第一次养鱼,可能会碰到鱼儿不适应水质而死亡的情形,老人要适时安慰幼儿,顺便解释一下自然界的生死现象。

2. 当母鱼大肚子时,可以提醒幼儿增加观察记录的时间,跟幼儿一起期待小生命的到来。

3. 鱼缸的水要定期更换并清洗,老人可以和幼儿分配工作,让幼儿更有参与感和责任感。

活动拓展

折小鱼:

1. 取一张正方形的纸,沿对角线进行对折,后制作成三角形。

2. 制作小鱼尾,取一面三角形的两个角分别往里折。

3. 在另外一面的三角形上画上眼睛,一条可爱的小鱼仔就制作成功啦。

4. 可以给小鱼仔涂上喜欢的颜色。

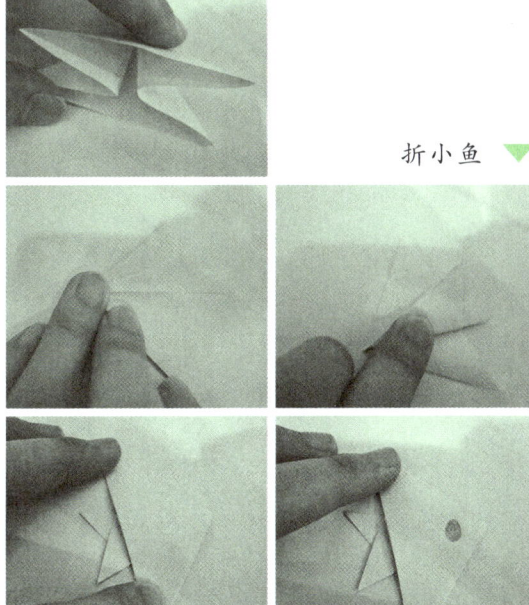

折小鱼

第三篇

科学活动

探索·发现

家长们是不是都有这样的问题，很多时候都不知道该如何陪幼儿进行有意义的玩乐，幼儿又总是充满活力，一刻都闲不住。"老少同乐"科学活动的提出就为老年人解决了这一难题。"老少同乐"科学活动是家庭内老年人与幼儿之间，以亲子感情为基础而进行的一种活动。通过本篇章的普及，不仅能教出科学小达人，还有益于祖孙之间的感情交流，使祖孙关系更密切，促进幼儿的健康发展，而且有助于幼儿在活动中获得对待事物的正确态度以及人际交往的基本方法。

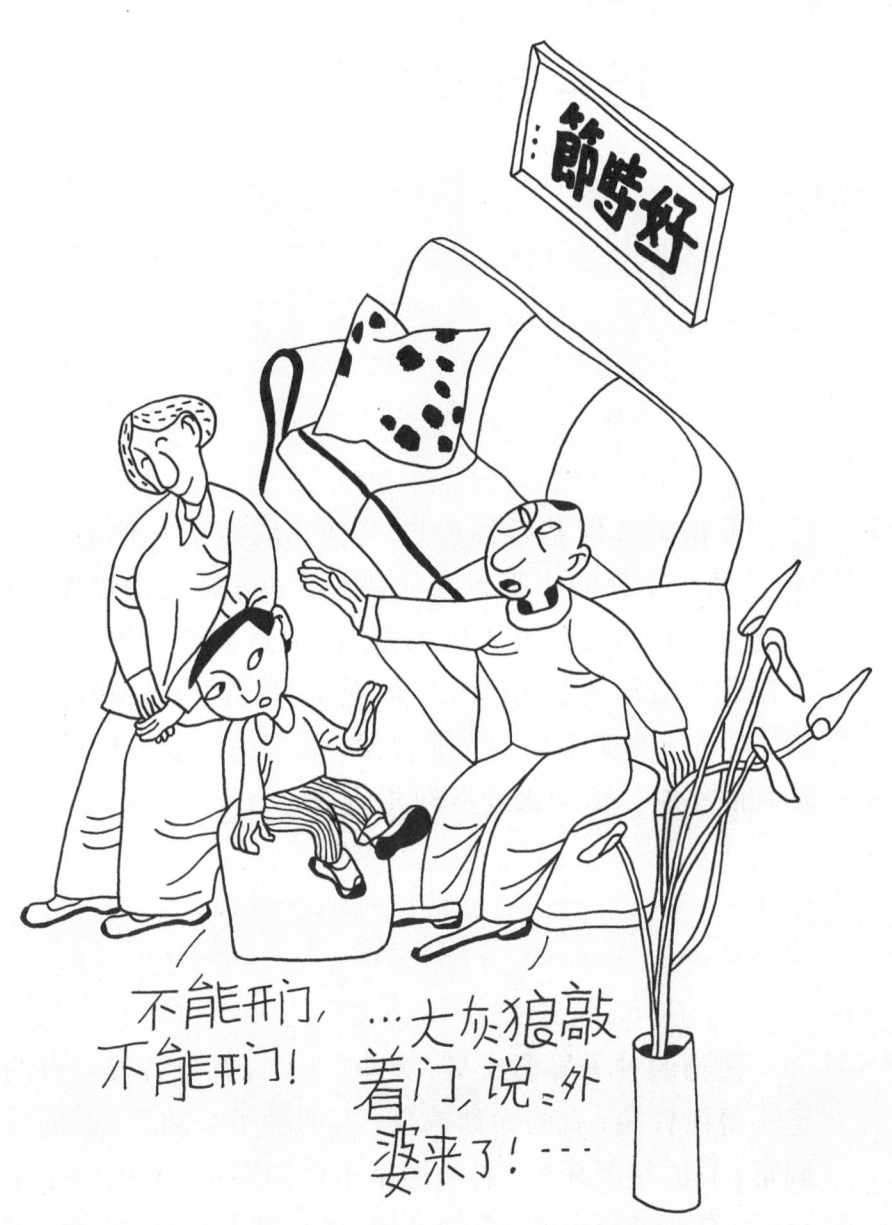

巧手制作

苏霍姆林斯基曾经说过:"幼儿的智慧在他的手指尖上。"幼儿手部的小肌肉群只有多活动才能变得更加灵巧,才能更好地激发幼儿大脑的潜能,促进其智力的发展。动手制作类活动就是为幼儿提供观察、操作、试验的机会,支持、鼓励幼儿动手动脑大胆探索,通过提供多种材料、多种形式的小制作活动来发展幼儿动手能力。

种子粘贴画

植物的种子异彩纷呈,大小、形状、颜色各异。有的种子小得像针尖,有的大如鸡蛋;有的种子呈圆形,有的呈椭圆形,有的呈月牙形,有的还呈不规则形状;有的种子是红色的,有的是绿色的,有的是黄色的,还有黑色、白色、褐色等各种颜色,有的种子还有很美丽的花纹,让我们来认识各种各样的种子吧!

活动对象

1～2岁幼儿。

科普知识

种子是裸子植物和被子植物特有的繁殖体,它由胚珠经过传粉受精形成。种子一般由种皮、胚和胚乳三部分组成,有的植物成熟的种子只有种皮和胚两部分。种子的形成使幼小的孢子体胚珠得到母体的保护,并像哺乳动物的胎儿那样得到充足的养料。种子还有各种适于传播或抵抗不良条件的结构,为植物的种族延续创造了良好的条件。所以在植物的系统发育过程中种子植物能够代替蕨类植物取得优势地位。

种子的形状、大小、色泽和表面纹理等随植物种类不同而异。种子常呈圆形、椭圆形、肾形、卵形、圆锥形和多角形等。椰子的种子很大,油菜、芝麻的种子较小,而烟草、马齿苋和兰科植物的种子则更小。蚕豆、菜豆为肾脏形,豌豆、龙眼为圆球状;花生为椭圆形;瓜类的种子多为扁圆形。颜色以褐色和黑色较多,但也有其他颜色,例如豆类种子就有黑、红、绿、黄、白等色。种子表面有的光滑发亮,也有的暗淡或粗糙。表面粗糙的原因是由于表面有穴、沟、网纹、条纹、突起和棱脊等雕纹的结果。

活动材料

各种植物的种子、厚白纸、剪刀、彩笔、胶水(或乳胶)、橡皮泥等。

老少同乐

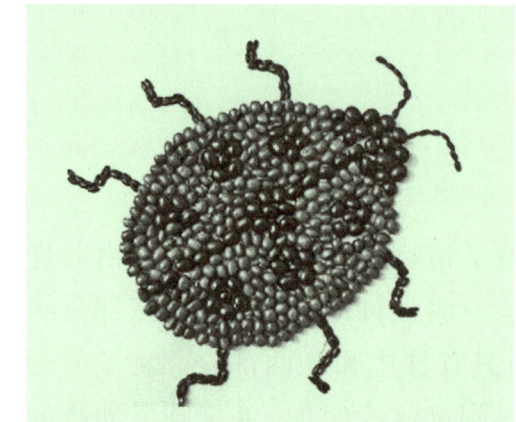

▲ 巧用种子做粘贴画

活动步骤

1. 构思

根据自己所收集的种子的外形特点，动脑设计，展开想象。你想用这些植物的种子粘贴一幅什么画？最好是自己较熟悉的动物、植物或自然风光。

2. 构图

把在脑海中构思好的图形画在纸上，画时用铅笔轻轻地勾勒，尽量把画面安排得合理美观。

3. 选材料

根据画好的画，把颜色、形状和大小与之适应的种子挑选出来。如果需要，也可以把种子涂上美丽的颜色或做适当的修剪。

4. 粘贴

用小木片涂抹胶水，不要用手指直接涂抹，要保持画面整洁、干净。

5. 贴标签

标签贴在画的右下角，写上画的名称、种子的名称及制作者的姓名。

活动拓展

比较菜豆种子和玉米种子有哪些不同。

纸小学问大

你知道纸张通常是由什么组成的吗？是什么样子的，有多长、多大？让我们来认识认识它们吧！

活动对象

1～2岁幼儿。

科普知识

纸，是我国古代劳动人民的一个重要发明。上古时代，祖先主要依靠结绳记事，以后逐渐发明了文字，开始用甲骨作为书写材料，春秋时期又发现和利用竹片和木片以及缣帛作为书写材料。但由于缣帛太昂贵，竹片太笨重，于是便产生了纸。中国古代四大发明，造纸术与指南针、火药、印刷术一起，给中国古代文化的繁荣提供了物质技术的基础。纸的发明结束了古代简牍繁复的历史，大大地促进了文化的传播与发展。

纸与我们的日常生活是息息相关的，纸的用途十分广泛，可以用于制造成新闻纸、书写纸、印刷纸、绘画制图用纸、包装纸、技术用纸、生活卫生用纸、加工纸和纸板等多种用途的纸。

活动材料

宣纸、画图纸、牛皮纸，用宣纸、画图纸、牛皮纸做的小船、盛水容器，颜料、展板。

老少同乐

活动步骤

感知3种纸的差异：

1. 出示3种纸，依次介绍3种纸的种类。
2. 请幼儿看一看、摸一摸、比一比3种纸的不同。
3. 鼓励幼儿大胆用语言表述3种纸的不同之处。

小结：这3种纸是不同的，有不同的颜色，有不同的质地，有的硬，有的软，有的厚，有的薄，有的光滑，有的粗糙，有的有光泽，有的暗淡一些。

染纸画制作活动，初步感知3种纸的吸水性效果：

1. 折纸：折纸是染纸中比较关键的一步，不同的折法，就会产生不同的效果，根据要染的图案，把纸折叠成较小的形状。例如，三角形、田字形、扇形等。
2. 调色：选色、用色是染纸的基础，根据自己的需要，调出颜料。
3. 染色：染纸的方法很多，包括浸染法、滴染法、点染法、浓破淡法。

浸染法：通过浸的方法给纸染上颜色。

滴染法：将墨水直接滴到纸上，并将纸进行挤和捏，这样可以将颜色尽快地染进去。

点染法：用毛笔将颜色涂点到需要的地方。

▼ 五彩斑斓的染纸画

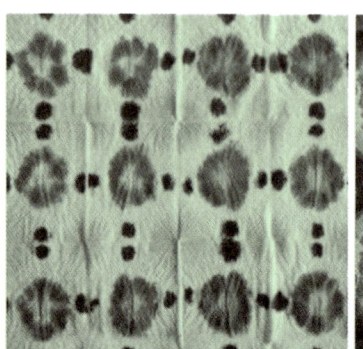
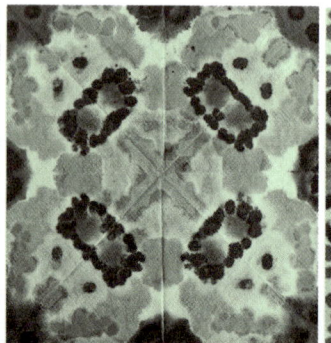
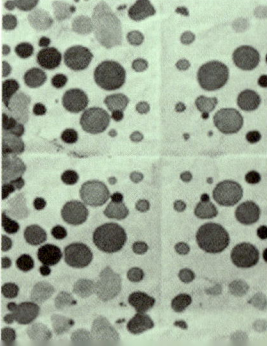

浓破淡法：这是国画中的一种技法。为了使色彩层次丰富，在同一个地方，用深浅不同的颜色进行染色，增加变化的效果。

4. 染纸制作完成后，比较哪种纸做的染纸画更漂亮，为什么？

小结：宣纸做染纸画更漂亮，因为它吸的水多。

小船实验，发现3种纸的吸水性差异：

1. 用3种纸分别制作成折纸小船。

2. 将3种纸做的小船同时放入水中，观察它们在水中有什么变化。

小结：宣纸吸水最多，再是图画纸，牛皮纸吸水最少。

活动拓展

学习纸飞机的制作方法，并探究不同纸飞机的折法和其不同的飞行方式（如留空时间、穿越不同的障碍物、定点着落等），学会纸飞机的折法以及投掷方法等。

"车模"知多少

大的车，小的车，来来往往多少车。"滴铃铃"，自行车；"嘀—嘀—"，小汽车；"嘟—嘟—"，大客车；"唰—唰—"，扫路车……让我们去探寻它们的秘密吧！

活动对象

3～4岁幼儿。

老少同乐

科普知识

装备轻便动力、自行推进的轮式道路车辆——汽车,在发明之初并非是今天看到的样子,汽车的发展也有一个漫长的过程。经过100多年的不断改进、创新,凝聚了人类的智慧和匠心,并得益于石油、钢铁、铝、化工、塑料、机械设备、电力、道路网、电子技术与金融等多种行业的支撑,带动了汽车产业的发展,成为今天这样具有多种形式、不同规格,广泛用于社会经济生活多个领域的交通运输工具。

活动材料

不同种类汽车的图片、剪刀、画笔、橡皮筋、棉线、硬纸板、废瓶盖、铁片、旧圆珠笔芯、铁丝等家庭常见废旧物品。

活动步骤

不同的汽车

让幼儿观察不同种类汽车的图片,并让其表述看到的是什么车辆(依次出示警车、卡车、消防车、救护车、出租车、公共汽车等图片),有什么作用?

1. "它是什么车呢?" "它可以用来干什么?"(这是警车,警车是用来抓坏人、抓小偷的,如果有人偷了东西,我们就要打110电话找警车来。)

2. 这又是什么车?是什么样的?什么时候用?(这是卡车,卡车很大很大,可以装载很多的货物。)

3. 这辆红色的又是什么车?我们什么时候要用它?(这是消防车,如果有的地方着火了,我们就要打119电话找消防车来救火。)

4. 看！这又是什么车？（这是救护车，如果有人突然病倒了，我们就要打120电话找救护车来进行急救。）

5. 这是什么车？有什么作用呢？（这是出租车，出租车顶上有灯，如果车上没有乘客，会亮出空车的信号，而且出租车很小，里面可以坐的人很少。）

▲ 自制环保汽车模型

6. 哦！这个车很大，你知道它是什么车？（公共汽车里面可以坐很多很多的人，我们要是一起出去玩的时候可以坐公共汽车。）

小结：我们认识了各种各样的车，有警车、卡车、消防车、救护车、出租车、公共汽车，并知道了它们的作用。

制作环保汽车模型

1. 构思汽车形状，绘制汽车简图，仔细思考汽车由哪些零部件构成。

2. 采用废弃材料，制作环保汽车零部件。

3. 将各个零部件进行装配，并对小汽车进行装饰。

4. 玩一玩自己制作的小汽车。

交通安全伴我行

1. 认识信号灯及含义（红灯停、绿灯行、黄灯亮了等一等）。

2. 游戏：遵守规则的行人。老人扮演司机，幼儿扮演行人，用不同颜色的纸张代表信号灯，看信号过马路，角色转换后再次游戏。

活动拓展

通过儿歌学习交通规则,从小培养幼儿的交通安全意识。

《红绿灯》

岔路口红绿灯,指挥交通显神通;
绿灯亮了放心走,红灯亮了别抢行;
黄灯亮了要注意,人人遵守红绿灯。

《上学校》

小学生,起得早,交通小队排得好;
过马路,走横道,交通安全要记牢;
听指挥,别乱跑,平平安安到学校。

"天气预报员"

阴天,我的心就会苦恼;晴天,我的脸上就有欢笑;下雨,我的眼睛就会发潮;刮风,我要当心别感冒……每天天气,准时向你预报!

活动对象

3～4岁幼儿。

科普知识

天气是指某一个地区距离地表较近的大气层在短时间内的具体状态。而天气现象则是指发生在大气中的各种自然现象,即某瞬时内大气中各种气象要素(如气温、气压、湿度、风、云、雾、雨、闪电、雪、霜、雷、雹、霾等)空间分布的综合表现。

天气过程就是一定地区的天气现象随时间的变化过程。各种天气系统都具有一定的空间尺度和时间尺度,而且各种尺度系统间相互交织、相互作用。许多天气系统的组合,构成大范围的天气形势,构成半球甚至全球的大气环流。天气系统总是处在不断新生、发展和消亡过程中,在不同发展阶段有其相对应的天气现象分布。

活动材料

操作材料一份、剪刀、固体胶、步骤图、牙签、橡皮胶。

活动步骤

经验回忆:如何记录天气情况

1. 天气就像一个多变的小姑娘,平时的生活中会出现哪些不同的天气情况呢?(出示天气图标)

2. 我们是怎么记录天气的?(出示天气记录表照片)

天气观测记录表

	阴	晴	雨	雪	最高气温	最低气温	风向	风力	雾
星期一									
星期二									
星期三									
星期四									
星期五									
星期六									
星期日									

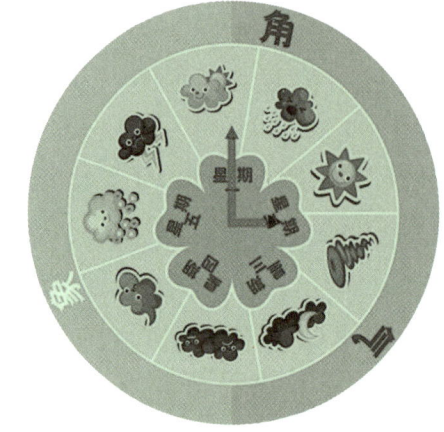

▲ 晴雨表

3. 还可以用什么方法让这么多的天气情况一看就清楚呢？（出示做好的晴雨表）

看图示，制作晴雨表

1. 晴雨表分几层？各层的上面是什么呢？（小转盘是日期，中转盘是天气，大转盘是底板）

2. 看晴雨表的步骤图：

讨论：晴雨表是怎样做的呢？（折—剪—画—合并）

（1）纸该怎样折？

（2）剪又该剪在哪里呢？

（3）画些什么？

（4）合并：必须以中心点按顺序叠放在一起，可以怎样固定？

3. 动手制作晴雨表：提醒幼儿将三张转盘按中心点叠放整齐并固定，就可以一目了然地看出天气情况了。

说说自己的晴雨表：正确预报天气

1. 怎样能准确地报出天气情况呢？（天气和日期要对齐）

2. 请幼儿试着在转盘上准确地报出当天的天气情况。

活动拓展

通过节气儿歌认识二十四节气：

《立春了》

立春了，立春了，南风吹，雪化了，

小鸭子,嘎嘎叫,跳进河里洗个澡。

《清明》

清明节,雨纷纷,家家忙着去上坟,
祭先烈,祭亲人,从小就要懂孝顺。
……

灯泡亮起来

要想让黑黑的屋子里亮起来,需要安装电灯。安装电灯需要有电线、灯泡,还要有电源,有了这些是不是就可以让屋子亮起来了?

活动对象

5~6岁幼儿。

科普知识

电灯,即用电作能源的人造照明用具,能将电转化为光,大大推动了人类文明的进步。常见的电灯种类有白炽灯、荧光灯和LED灯等。

电灯是将电能转化为光能,用来照明的设备,出现于第二次工业革命。其工作原理是:电流通过灯丝(钨丝,熔点达3 000℃以上)时产生热量,螺旋状的灯丝不断将热量聚集,使得灯丝的温度达2 000℃以上,灯丝在处于白炽状态时,就像烧红了的铁能发光一样而发出光来。灯丝的温度越高,发出的光就越亮,故称之为白炽灯。

老少同乐

从能量的转换角度看,电灯发光时,大量的电能将转化为热能,只有极少一部分可以转化为有用的光能。电灯发出的光是全色光,但各种色光的成分比例是由发光物质(钨)以及温度决定的。比例不平衡就导致了光的颜色的偏色,所以在白炽灯下物体的颜色不够真实(即显色性不高)。

活动材料

灯泡与单节电池的连接示意图、毛线、塑料绳、回形针、铁钉、铁丝、电池、小灯泡、记录纸、水彩笔、裸露的电线等。

活动步骤

引出主题,激发活动兴趣

创设情境:今天请来一位好朋友小兔子,它呀搬新家了,可是到了晚上屋里就黑乎乎的,怎么办呀?

鼓励幼儿大胆表达,然后循循善诱,引出安装电灯所需的条件。

活动:让灯泡亮起来

1. 老人帮助准备好实验材料:电池和一头缠着灯泡的电线。

2. 幼儿自主展开实验探究活动,自己动手让灯泡亮起来。

小结:将连着电线丝的灯泡按在电池凸起的一头也就是电池的

▼ 电路示意图

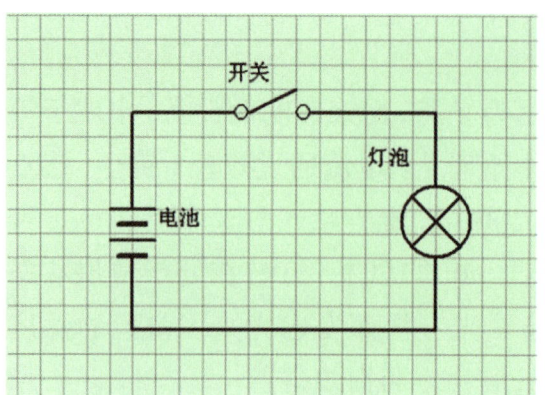

118

正极,将电线丝的另一端按在电池的另一头也就是电池的负极,这样电就接上了,小灯泡就亮了。

探索:接电线

情境发展:小兔子又遇到麻烦了,它家的电线不够长,灯还没有接上,用什么材料可以接上这段电线通电让灯泡亮起来呢?提供毛线、塑料绳、回形针、铁钉和铁丝等材料。

让幼儿将桌子上的材料和刚才实验用的物品连接起来,看看什么材料能让灯泡亮起来,帮助小兔子家通上电,并将导电的材料和不导电的材料分别记录下来。

小结:回形针、铁钉、铁丝都是金属制品,通过实际操作可知这些材料接触电线和电池后,能让灯泡亮起来,说明这些金属材料制品是能导电的。而像毛线、塑料绳等材料在接触电线和电池后,不会让灯泡亮起来,说明毛线、布条、塑料绳制品是不能导电的。

安全用电教育

1. 幼儿来"找茬"。给幼儿提供一段裸露的电线,让他们来"找茬",发现问题。

2. "小鬼当家"。询问幼儿,看见这种裸露的电线时应该怎么办?能否用手触摸家中的充电插口?

3. 告诫幼儿:当你在生活中看见这种裸露的电线时,千万不可以用手去触摸,而应该及时告诉大人来处理。

活动拓展

日常生活中还有许多材料能导电,老人可以带领幼儿一起说一说、试一试。

变废为宝DIY

回收1吨废纸可再造出800千克新纸，可以挽救17棵大树；回收20只废餐盒可以造出一个漂亮的笔筒；回收一个玻璃瓶节省的能量，可使灯泡亮4个小时……垃圾是放错位置的资源，如何将这些资源回收再加以恰当的利用呢？

活动对象

5～6岁幼儿。

科普知识

垃圾是人类日常生活和生产中产生的固体废弃物，由于排出量大，成分复杂多样，且具有污染性，需要进行无害化处理，否则就会污染环境，影响环境卫生，浪费资源，破坏生产生活安全。垃圾处理就是要把垃圾迅速清除，并进行无害化处理，最后加以合理的利用。当今广泛应用的垃圾处理方法是卫生填埋、高温堆肥和焚烧。

活动材料

各种包装盒、包装纸、家中用过的瓶瓶罐罐等废旧物品、用废旧物品制作的小物品实物（如用一次性杯子做的水杯娃娃、化妆品瓶子做的饮水机）、用各种废旧物制作工艺品的图片。

活动步骤

观察用废旧物品制作的小工艺品的图片，激发幼儿的制作兴趣。

1. 老人：看看这些都是什么？知道这些漂亮的东西都是用什么做成的吗？又是如何制作的呢？

2. 幼儿仔细观察各种废旧物品制作的小工艺品的图片，并畅所欲言。

3. 让幼儿观察自己搜集的废旧物品。

提问：小朋友，你认识这些东西吗？你想不想让它们变成和图片上一样漂亮的小工艺品？应该怎么做呢？

小结：这些工艺品不但非常漂亮，而且全是用废旧材料做成的，千万不要小看身边任何一件看似没用的东西，说不定用处很大。所以，以后在日常生活中要搜集一些废旧材料，进行二次利用。这样既美化了环境，又能变废为宝。

动手制作

1. 让幼儿自己选择材料，通过画、剪、粘贴、包装等组合创新出新颖独特的玩具或工艺品，从中体会成功的乐趣。

2. 老人鼓励幼儿自己解决在制作中遇到的问题，对一些难点进行适当辅导。

分享交流

要求：说出自己做的是什么？它的作用是什么？

变废为宝小能手 ▼

活动拓展

引导幼儿关注分类垃圾箱等环保设施，

和幼儿探讨减少垃圾产生的方法。

巧制航天飞机

一架飞机在天空翱翔，它一会儿俯冲，一会儿爬升，一会儿翻筋斗。突然一声呼啸，一个庞然大物腾空而起。只见它有三角形的翅膀、尖尖的脑袋、方方的机尾，转眼间便消失得无影无踪了。飞机想："怎么还有比我飞得更快的呢？"

活动对象

5～6岁幼儿。

科普知识

20世纪七八十年代美国载人航天事业发展如火如荼，载人登月阿波罗计划让美国坐上了全球太空竞赛的头把交椅，同时也加快了人类进入太空的频率。密集的太空探测项目让美国国家航空航天局觉得不够经济，因为用火箭发射载人航天器需要巨大的火箭，并且都是一次性的，不可回收重复利用。出于对经费的考虑制造一种新的航天器成为当时的新要求。美国国家航空航天局第三任局长托马斯·佩奇曾认为，航天飞机因可重复利用从而可以降低成本，不用每执行一次任务就要造一个新的火箭出来，而且当时他还认为一架航天飞机的发射准备时间仅需要两周远比火箭快。

航天飞机曾是先进航天技术的象征，是阿波罗登月之后美国航天事业发展的一个里程碑。航天飞机的概念曾让不少航天大国心动，比如欧洲和日本都设计过自己的航天飞机。

活动材料

白纸、油画棒、塑料瓶、卷筒纸筒芯、瓦楞纸、锡纸、彩纸、颜料和画笔、剪刀、胶布等。

活动步骤

创作

航天飞机的本领可大了！它能飞到几十万米的高空，绕着地球转圈圈，在太空中释放和回收人造地球卫星。如果卫星出了毛病，它就伸出巨大的手臂把卫星捞回机舱，带到地面上来维修。根据这些作用，假如你是航天飞机的总设计师，你想设计怎样的航天飞机呢？

欣赏

欣赏航天飞机的图片，与自己的创作画相比较，概括航天飞机的组成。

正发射升空的火箭 ▼

航天飞机实际上是一个由轨道器、外贮箱和固体助推、火箭助推器组成的往返航天器系统，但人们通常把其中的轨道器称作为航天飞机。

翱翔在太空中的航天飞机 ▼

老少同乐

动手制作

1. 准备好所需要的材料。

2. 将可乐瓶的底部剪下,在中上部画一个圆并剪下。

3. 将瓦楞纸剪出一个扇形,然后用双面胶固定在可乐瓶的口部;同时剪出四个大小类似的扇形和一个圆环,并将卷筒纸筒芯剪成两节。

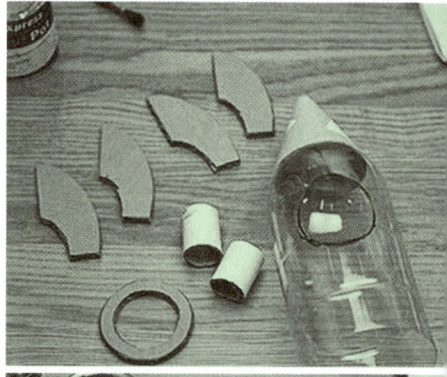

4. 用彩纸将瓶身包住,将扇形和卷筒纸筒芯分别涂色,并用锡纸将圆环包裹住。

5. 组装。

活动拓展

幼儿进一步思考一下,有什么办法可以让航天飞船上天呢?

老少同乐

 科学探究

科学探究类活动是让幼儿在家长或教师的帮助下用发现的眼睛去观察、发现、领悟一些浅显的科学知识,通过简单模拟类似科学家的探究过程,尝试动手做一些科学小实验、小探究等,理解浅显的科学概念、技术和科学探索的本质。

能干的小手

手是幼儿最常用、最熟悉的身体部分,他们每天用小手做很多事情。幼儿们对自己的小手充满了好奇,每个人都有一双能干的小手,我们一起来认识它的五个朋友吧。

活动对象

1～2岁幼儿。

科普知识

手指是指人手前端的五个分支,包括拇指、食指、中指、无名指和小指。拇指,又称擘指、大指、巨指和大拇指,最粗大的一只,所以通常称大拇指。食指,又称示指、人指、盐指和头指,没有筷子的时候都是用这只手指头挖东西吃或是先尝尝看食物的味道,所以称之为食指。中指,又称长指、将指,因为位于手掌中央,所以叫中指。无名指,医学上称为药指、环指,是一只用来戴戒指的手指,结婚后就会将人由无名份而变成有名份,所以就叫无名指。小指,又称季指、手小指、尾指和小拇指,位于尾端最细小的一只手指,所以叫尾指。

婴儿的手指是妈妈怀孕期最后3个月内成形的,这个时段也正好是婴儿大脑、性器官、心脏的形成时期。我们的手指长度会随着年龄的增长而改变,但"手指比率"却永远跟我们出生时保持一致。

活动材料

手的图片、神秘箱(不透明纸箱,里面装有各种不同触感的物品,如沙包、热鸡蛋、石头、馒头等)。

自制场景:邋遢大王的家。(场景:桌子上面摆满了凌乱的学习用品,地上撒满了玩具,鞋子乱丢,床上的被子没叠,衣服散落在床上。)

活动步骤

手指的名字

每只小手长了几个手指宝宝?手指宝宝们长得一样吗?你们知道每一个手指宝宝的名字吗?

带领幼儿认识各个手指的特点和名称,如最长的手指叫中指;大的粗的叫大拇指;小的细的叫小指;点东西的手指叫食指;没有名字的手指叫无名指。

老少同乐

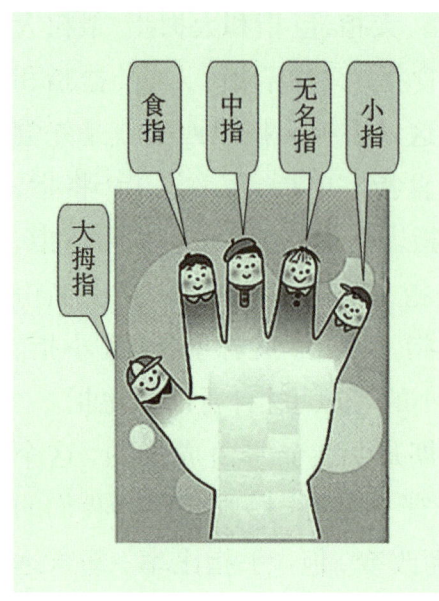

▲ 认识我们的小手

手指游戏

1. 手摸神秘箱：幼儿将手伸进放满东西的神秘箱，在眼睛不能看见的情况下，只用手感觉物体的形状、软和硬、冷和热等，从而判断出是什么物体。

（1）老人先介绍规则。

（2）幼儿尝试操作，说出物体名称，并清楚地表达出摸到这个物体的手感等。

小结：你们的小手真厉害，能摸出神秘箱里这么多东西。

2. 创设情境，带幼儿看邋遢大王乱糟糟的家，请幼儿帮忙。

（1）老人创设情境，请幼儿说说看到邋遢大王的家后有什么感觉？应该怎么帮助他？

（2）请幼儿说哪里需要整理，并动手去整理。（如被子乱、玩具散在地上、文具摆放不整齐、鞋子乱扔、椅子没有放在桌子底下等。）

（3）老人帮助幼儿一起整理好后，再次说一说现在看着邋遢大王的家有什么感觉。

（4）老人衍伸至幼儿的生活，在生活中要做到自己的事情自己做，不能向邋遢大王学。

小结：你们的小手真能干，能帮助邋遢大王把房间整理得这么整齐。不过不能向他学习，要做到自己的事情自己做，自己的房间自己整理，学习用品也要自己收放整齐。

活动拓展

1. 如果没有手会怎样？
2. 应该怎样保护手？

小结：勤洗手，保持手的清洁，不玩刀具和其他尖锐的东西，以防戳伤自己的小手，冬天外出戴手套，涂一些护肤品等。

《手指歌》

我的小手真能干，不信请你仔细看；
伸出小手变变变，变只小鸟飞上天；
变棵大树飘树叶，变只大象快快跑。
我的小手真能干。

声音的奥秘

小朋友们，你们知道声音是怎么产生的吗？让大家一起去听一听，找一找声音中的奥秘吧！

活动对象

1～2岁幼儿。

科普知识

声音是由物体振动产生的声波，是通过介质（气体或固体、液体）传播并能被人或动物听觉器官所感知的波动现象。最初发出振动（震动）的物体叫声源。声音以波的形式振动（震动）传播，声音是声波通过任何物质传播形成的运动。

老少同乐

声音作为一种波,频率在20 Hz～20 kHz之间的声音是可以被人耳识别的。声音只是声波通过固体或液体、气体传播形成的运动。声波振动内耳的听小骨,这些振动被转化为微小的电子脑波,它就是我们觉察到的声音。内耳采用的原理与麦克风捕获声波或扬声器的发音一样,它是移动的机械部分与气压波之间的关系。自然,在声波音调低、移动缓慢并足够大时,我们实际上可以"感觉"到气压波振动身体,从而觉察到声音的存在。

活动材料

音乐、大鼓、三角铁、铁盆、花生米。

活动步骤

感受声音

老人:今天我带来了一首好听的歌曲,听听你听到了什么?听音乐《鼓上的小米粒》,提问:

1. 小鼓是怎么歌唱的?

2. 如果我的鼓上有小米粒,小米粒会怎样?(引导幼儿讲一讲,跳一跳)

3. 小鼓唱得响,小米粒会跳得怎样?(跳得高)

4. 小鼓唱得轻,小米粒又会跳得怎样?(跳得低)

《鼓上的小米粒》歌词:咚咚咚,咚咚咚,小鼓在歌唱;鼓上的小米粒蹦蹦跳跳。小鼓唱得响,米粒跳得高;小鼓唱得轻,米粒跳得低。鼓上的小米粒蹦蹦跳跳!

发现声音

1. 实验一

(1)老人讲故事:"下一个表演节目的是花生米,它要在大鼓上为大家表演舞蹈。"老人把花生米放在大鼓上,花生米静止不动。

老人:"咿?花生米怎么不跳呢?是怎么回事呢?你知道是为什么吗?哦,我忘了,花生米说要大鼓给她唱歌她才跳舞。要怎样让大鼓唱歌呢?"(幼儿回答击打大鼓)老人用鼓槌敲击鼓面,花生米就跳起舞来。

提问:花生米为什么要用大鼓伴奏才肯跳舞呢?(引导幼儿感知鼓槌必须和鼓面发生碰撞,鼓面产生振动而发出鼓声。)

(2)让幼儿一只手放在鼓面上,老人用力敲击鼓面。

提问:你感觉到了什么?(鼓面在动)

2. 实验二

幼儿把水放在铁盆里,用筷子敲打铁盆,观察其中的水。

提问:你看到了什么?(引导幼儿观察水的波纹,进一步理解声音是通过振动产生的。)可通过讲话时手触摸喉咙感受,进一步理解震动与声音的关系。

3. 实验三

如何让我的乐器(三角铁)不发声?

(1)老人演示:首先敲击乐器(三角铁)发出声音,然后马上用手握住,阻止震动。再次试验,观察发生的现象。

(2)提问:你看到了什么变化?(引导幼儿发现物体没有

如何让三角铁不发声?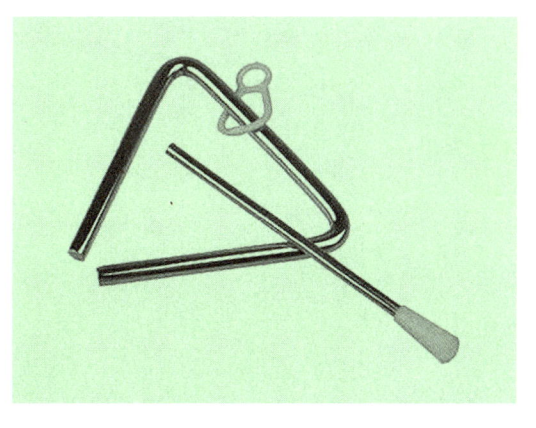

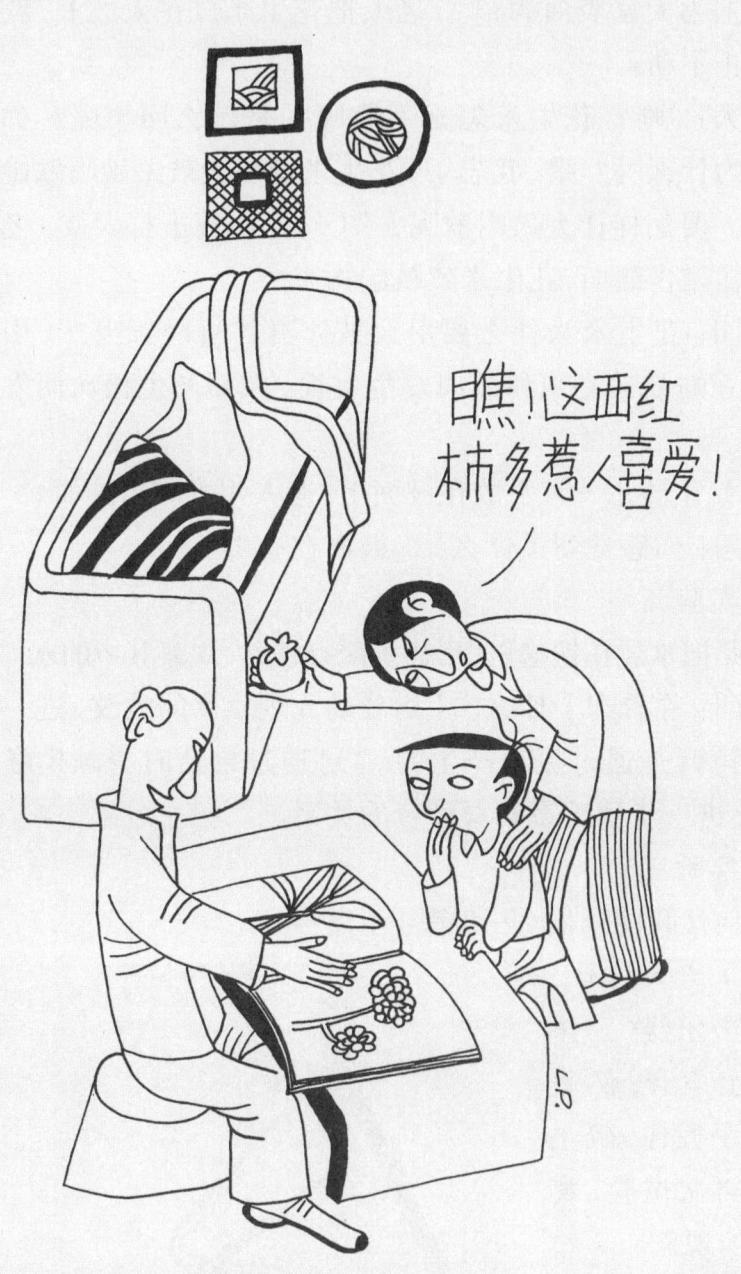

震动就没有声音,进一步理解声音是通过振动产生的。)

小结:通过摸一摸、做一做、听一听、想一想、找一找,知道物体发生碰撞后产生振动,有振动就会发出声音;不同材料的物体,经过打击碰撞后发出的声音是不一样的。

活动拓展

听一听:把耳朵贴在小伙伴的胸口上,听一听有什么声音?与平常听到的声音有什么区别?身体里还有哪些声音也是很微小的?

试一试:将卡纸卷成纸筒,将纸筒一端贴在小伙伴的胸口,将自己的耳朵贴在纸筒的另一端,听一下心跳的声音,与耳朵贴在胸口时听到的心跳声进行比较。

蔬菜益处多

养血平肝黄花菜,洋葱杀菌是良药。海带含碘治甲亢,常吃菜花癌症少。芋头散结治瘰肿,荸荠利咽热火消。胡椒驱寒又燥湿,葱姜辣汤治感冒。蔬菜疗疾常食用,强身健体寿命高。要想健康身体好,蔬菜疗歌要记牢!

活动对象

3～4岁幼儿。

科普知识

蔬菜是指可以做菜、烹饪成为食品的一类植物或菌类,蔬菜是人们日常饮食中必不可少的食物之一。蔬菜可提供

老少同乐

人体所必需的多种维生素和矿物质等营养物质。据国际物质粮农组织1990年统计,人体必需的维生素C的90%、维生素A的60%来自蔬菜。此外,蔬菜中还有多种多样的植物化学物质,是人们公认的对健康有效的成分。目前果蔬中的营养素可以有效预防慢性、退行性疾病的多种物质,正在被逐步研究发现。

活动材料

胡萝卜、西红柿、芹菜、香菜、土豆、茄子、菜花、黄瓜等各种蔬菜,蔬菜篮子若干,分类小篮子若干。

活动步骤

1. 认一认:讨论、了解蔬菜的名称、颜色、吃法等

示例:

老人:"宝宝,今天你是家里的厨房小帮手,我为你准备了好多好多的蔬菜,让我们一起去看看都有哪些蔬菜,这些蔬菜的名字你知道吗?它们的吃法和味道如何?"

幼儿:"这是胡萝卜,它是橘红色的,可以煮着吃,也可以炒着吃,也可以生吃。"

老人:"胡萝卜的营养很丰富,它含有大量的胡萝卜素和维生素A,对我们的牙齿和骨骼的发育很有好处。"

幼儿:"这是芸豆,它的样子细细长长的,有点绿,有点白,可以炒着吃。"

老人:"芸豆可以生吃吗?"

幼儿:"不能。"

老人:"宝宝真棒!你知道得真多。芸豆一定要做熟了吃,不然会中毒的。"

2. 蔬菜分类：了解蔬菜有不同的食用部位

老人："你知道蔬菜的食用部位吗？有的蔬菜要吃它的根，有的要吃它的茎叶，有的要吃它的果实，有的要吃它的花。这边有准备好的四个菜篮子，快把吃相同部位的蔬菜放进篮子中吧。"

让幼儿分别将准备好的蔬菜放入对应的篮子中。

老人："让我们一起检查结果是否正确，如果不正确，让我们把它放到正确的篮子中吧。"

3. 厨房小帮手：学习简单的拣菜方法

老人："现在你要发挥厨房小帮手的作用了，咱们要把菜拣干净，把能吃的部分拣下来放到自己的篮子里，把不能吃的放在旁边的小纸篓里，咱们比一比看谁拣得快，拣得好。"

4. 多吃蔬菜益处多

老人："今天我们知道了各种蔬菜的名称和吃法，还知道了它们各自的食用部分。蔬菜中含有大量的维生素和矿物质，对小朋友身体的成长是非常有好处的，所以我们要多吃蔬菜，不挑食、不偏食，这样我们的身体才会更棒，更健康。"

活动拓展

蔬菜"蹲一蹲"：

玩法：分别说出自己蹲和别人蹲，要接得快。例如，家人分别扮演西红柿、茄子和南瓜。第一个人说："西红柿蹲，西红柿蹲，西红柿蹲完茄子蹲。"第二个人听到说完后立即接上说："茄子蹲，茄子蹲，茄子蹲完南瓜蹲。"依次循环，如果说错了，就被淘汰，其他人继续游戏，直到最后一人胜出。逐渐增加蔬菜种类继续玩。

老少同乐

神奇的海绵

海绵在生活中是常见、常用的材料，幼儿对此既熟悉又陌生，虽常见常用，但是对于海绵的特性却不了解，现在就一起走进海绵的世界吧。

活动对象

3～4岁幼儿。

科普知识

海绵，一种多孔材料，成分是聚氨酯，具有良好的吸水性，能够用于清洁物品。常用的海绵由木纤维素纤维或发泡塑料聚合物制成。有由海绵动物制成的天然海绵，大多数天然海绵用于身体清洁或绘画。工业生产中使用的海绵种类很多，有发泡绵、定型绵、橡胶绵和记忆绵等。挑选海绵时，主要以它的触感和弹性为首要因素。日益增多的高分子材料的应用已成为城市垃圾的主要来源。再生海绵，不仅能降低生产成本，提高物质有效利用率，也能防止污染和保护环境。

活动材料

海绵、橡皮筋、彩色颜料水、塑料盒。

活动步骤

体验观察

1. 看一看。拿出一块海绵，观察一下它的外部形态特征。

2. 摸一摸。请幼儿触碰一下海绵，卷一卷、扭一扭、弯一弯，再看看海绵是什么样的。

3. 说一说。让幼儿大胆表达一下，触碰之后的感觉。软软的、轻轻的、有洞洞、捏紧后放开海绵会变回原样，就像弹簧一样，说明它有弹性！

操作游戏

1. 秒变"小青虫"

做一做。老人准备好家中的毛毛虫玩具和细橡皮筋，引导幼儿用橡皮筋把海绵分若干节，并与毛毛虫玩具比较。

2. 海绵宝宝"喝水"

想一想。老人将不同的颜料水放入不

海绵宝宝秒变"小青虫"

同的塑料盒中，并提示幼儿思考：海绵宝宝能干什么？

讲一讲。老人引导幼儿将海绵放入塑料盒中，待几分钟后，请幼儿说一说发现了什么？

教一教。海绵能把颜料水变少，说明海绵能吸水，具有吸水的功能。

活动拓展

生活中，我们根据海绵的柔软性、弹性和吸水性制作了许多好用的东西，引导孩子思考有哪些东西是用海绵做的呢？

老少同乐

拒绝糖的"诱惑"

幼儿都是喜欢吃糖果的,而且吃完糖果还不爱刷牙,所以就有了龋齿。为什么"吃糖过多容易生虫牙"?如何拒绝糖的"诱惑"呢?

活动对象

3~4岁幼儿。

科普知识

龋齿俗称虫牙、蛀牙,是细菌性疾病。食物在口腔中的残留物是引发龋齿的重要原因。口腔里生活着大量微生物,这些微生物会使糖类等物质发生化学反应,使之转变为酸性物质,从而腐蚀牙齿。

蛋壳中存在钙质,这是鸡蛋(或蛋壳)坚硬的主要原因,在白醋中浸泡的鸡蛋(或蛋壳)会变软,这是由于蛋壳中含有的大量钙质(碳酸钙)在醋酸作用下分解、流失,没有了它蛋壳就会变软。我们的牙齿也是如此,牙齿含有充足的钙质才会坚硬,如果它们被酸性物质分解,那么牙齿就会变得脆弱不堪,容易被微生物入侵。

龋齿的持发感染会形成病灶,严重可致关节炎、心骨膜炎、慢性肾炎和多种眼病等其他疾病,因此应当积极预防龋齿。

活动材料

白糖、牙刷、鸡蛋(或蛋壳)、白醋。

活动步骤

糖的诱惑

1. 活动准备：白糖。

2. 活动过程：在草坪或花坛等处放上白糖，一段时间后观察有哪些动物被吸引过来，简要做一下记录。

甜变酸

1. 活动准备：用白糖调配一杯甜度较高的糖水。

2. 活动过程：让幼儿喝几口糖水，直到感觉口中有甜味，然后不喝水、不进食、不刷牙。大约1个小时后，让幼儿感觉口腔中味道的变化，问其是否有一种酸酸的味道。

酸对牙齿的影响

1. 活动准备：鸡蛋（或蛋壳）、白醋。

2. 活动过程：用手感受一下鸡蛋（或蛋壳）的硬度，然后将它放入白醋中浸泡，几天后取出。这时再用手感受一下鸡蛋（或蛋壳）的硬度，描述发生的变化。

拒绝糖的诱惑

1. 查一查。吃糖太多除了对牙齿产生影响以外，对身体还有哪些危害？

2. 论一论。如何合理用糖？如何预防龋齿？

正确的刷牙方法

1. 将牙刷放在牙床线上呈45°角倾斜，然后由内向外移动牙刷，清洁牙床线。

2. 用同样的方法，刷每颗牙齿的里面、外面。

3. 将牙刷平放，刷咀嚼食物的牙齿面。

4. 轻刷舌面，清除细菌，保持口气清新。

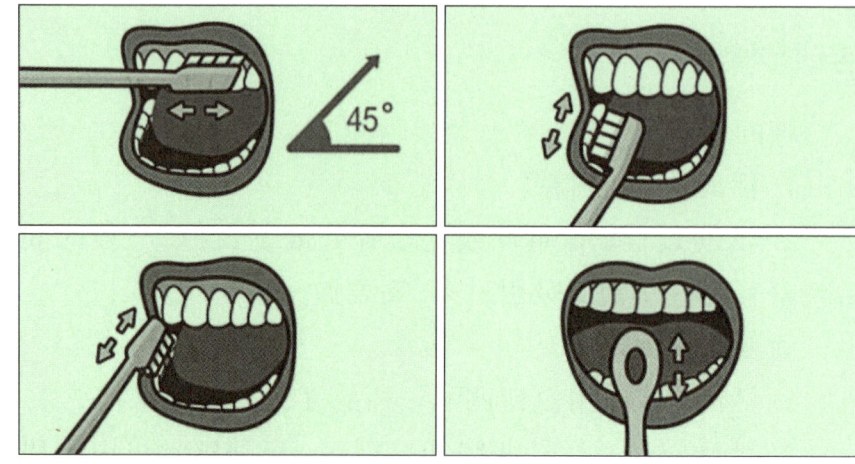

▲ 科学刷牙益处多

活动拓展

　　唱儿歌：针对刷牙的要领，可以编一首朗朗上口的《刷牙歌》，并向幼儿做保护牙齿的宣传。

《刷牙歌》

　　　　小牙刷，手中拿，张开我的小嘴巴；
　　　　上面牙齿往下刷，下面牙齿往上刷。
　　　　左刷刷，右刷刷，里里外外都刷刷；
　　　　早晨刷，晚上刷，刷得干净没蛀牙。
　　　　刷完牙齿笑哈哈，露出牙齿白花花。

溶解的秘密

　　一头黑驴走在前，背上驮着一担棉。一头白驴走在后，背上驮着一袋盐。途中蹚过一条河，泡了棉花浸了盐。为何白驴脚步轻又快,黑驴慢慢落后边呢?

活动对象

5～6岁幼儿。

科普知识

广义上说,超过两种以上物质混合而成为一个分子状态的均匀相的过程称为溶解。而狭义的溶解指的是一种液体对于固体/液体/气体产生化学反应使其成为分子状态的均匀相的过程称为溶解。一种物质(溶质)分散于另一种物质(溶剂)中成为溶液的过程。如食盐或蔗糖溶解于水而成水溶液。溶液并不一定为液体,可以是固体、液体、气体。比如均匀的合金和空气都可以称为溶液。当两种物质互溶时,一般把质量大的物质称为溶剂(如有水在其中,一般习惯将水称为溶剂)。

活动材料

温水、一次性杯子若干、小石头若干、白砂糖和红糖若干、小勺若干、蛋糕盘若干。

活动步骤

观察"溶解"

1. 糖水制作

先请幼儿猜一猜,白砂糖放到水里会发生什么样的变化?然后让他动手操作,把白糖放在水里轻轻地搅拌,看一看变化并思考白糖是否可以从水里取出来?

在操作的过程中,幼儿一定要注意桌面和地面的卫生整洁,搅拌的时候要一只手扶着杯子,另一只手拿着小勺,

不要把水弄洒了。

2. 糖水品尝

让幼儿轻轻地抿一小口，尝一尝水的味道变化。

探索"溶解"

糖宝宝不见了，它融化到了水里，这种现象我们用一个词来表示，叫作"溶解"，是不是所有的物品都能溶解呢？

1. 大胆猜测

幼儿可以大胆猜想，并说出自己的理由。

2. 实验验证

先让幼儿思考，并利用家中已有材料进行操作。若没有头绪的话，可以稍作提醒。

提示：这里有两样材料分别是小石头和红糖，思考一下把它们放入水中，搅拌一下结果如何？先让幼儿把桌上的小石头放到水里用力搅拌，观察它的变化（引导幼儿说出，石头沉到水底，没有溶解），然后试一试小石头能不能从水里拿出来？然后请幼儿把红糖放在水里用力搅拌，观察红糖的变化，并思考能否将红糖从水中取出？

3. 得出结论

通过做实验，幼儿知道了不同的物质进入水中会有不同的现象发生。白砂糖放进水中会不见了，并且水可以变甜；小石头放进水中，会沉在水底；红糖放进水中会改变水的颜色，并且水也会变甜。白砂糖和红糖放进水中经过充分搅拌之后，无法从水中取出，这种现象叫作溶解。

活动拓展

幼儿在家除了用白糖，还可以用酱油、味精、醋去试试看，观察哪些东西在水中溶解得最快？为什么？

宇宙的涟漪

一切事物都在运动。有些事物的运动是明显的,人们可以直接感觉到,如奔驰的汽车、流动的河水、划破夜空的流星等;有些事物的变化是缓慢的,如人们常说"稳如泰山",但泰山在100万年间也升高了几百米。

活动对象

5～6岁幼儿。

科普知识

在爱因斯坦的《广义相对论》中,我们可以用一种比较形象的方式来解释时空的弯曲,或者说是带质量的物体进行加速度运动而产生的波。如果把时空想象成一张巨大而平整的沙发,那么你坐在沙发上,重量自然会导致沙发凹陷。如果在你旁边放一个小球的话,那么小球也会因为你的重量滚向你所造成的凹陷中。体重越大的人,对沙发造成的凹陷也越大,效果也越明显。

另外,如果把你坐上沙发的那一瞬间,通过超高速摄影一帧一帧慢放的话,你会发现你对沙发造成的那个凹陷,是逐渐从内向外扩散的,这种扩散呈现出一种波动形式。如果用更明显的例子的话,你把一颗石子投入平静的湖水中,会以石子入水的地方为中心,产生一圈一圈的涟漪。这种涟漪,就和引力波的作用有着异曲同工之妙。显然,如果以宇宙时空作为背景,那么一颗石子,或者是一个人所造成的引力波,几乎可以忽略不计了,更不用说被远

老少同乐

隔着几十亿光年之外感知到了。这就是说,只有那些庞大到不可思议的天体,在引起非常巨大动荡的天文现象时,所释放出的引力波,才能大到被远隔十数亿光年之外的我们捕捉到。

活动材料

乒乓球2只、地球仪、手电筒、盆子、水、石子(或弹珠)若干。

活动步骤

宇宙的奥秘

1. 神秘的太空中有什么呢?

2. 在太空中有那么多的星球,它们之中谁是地球的好朋友呢?为什么?

小结:月亮离地球最近,一直围绕着地球转,地球又一直围绕着太阳转。

运动的宇宙

1. 地球围绕太阳转一圈,你知道要多长时间?

2. 为什么会有白天和黑夜之分?(老人运用地球仪和手电筒进行实验操作,手电筒的光即模拟太阳光。)

小结:地球在围绕太阳转动时,自己也在自转,地球转到面向太阳的一面是白天,而转到背向太阳的一面是黑夜。

3. 月亮也是地球的好朋友,它围绕着地球不停地转,晚上,我们可以看到皎洁的月亮,那么月亮本身会发光吗?

引力波

1. 水的涟漪

用盆子接满水,把一颗石子(或弹珠)投入平静的水中,会以石子入水的地方为中心,产生一圈一圈的涟漪,这就是水的涟漪。

2. 模拟引力波

老人坐在柔软的沙发上,因为重量原因自然会导致沙发凹陷,如果在旁边放上两个小球的话,小球会自动滚向凹陷处。若将此过程用慢镜头回放,重量对沙发造成的凹陷,是从内向外扩散的,这种扩散呈现出一种波动形式。

水的涟漪

神奇的引力波——时空的涟漪

3. 总结

早在百年以前(1915年),科学家爱因斯坦就在《广义相对论》中对引力和引力波进行了论证。他提出,引力的作用以波动的形式传播,即引力波。通俗地说,引力波就像往水中投下一颗石子所引起的涟漪,只不过,引力波是"时空的涟漪"。

活动拓展

幼儿在家可以观看影片如《星际穿越》等,通过这些富有想象力的作品,让他们感受到宇宙的广阔、生物进化的神奇以及科学的不可思议。

户外发现

　　户外发现类活动为老人和幼儿提供了放松和休闲，并能通过互动增加亲人一起玩耍的乐趣。户外活动有利于孩子亲近大自然，让孩子们通过自己的方式去观察事物和接触事物，促进他们各方面能力的发展。

动物模仿秀

　　小兔子走路跳呀跳呀跳，小鸭子走路摇呀摇呀摇，小乌龟走路爬呀爬呀爬，小花猫走路静悄悄，小动物走路的特点，你都知道了吗？

活动对象

　　1～2岁幼儿。

科普知识

　　目前地球上有上百万种动物，因为种类不同，生活习性和生活环境都不同,每一种动物的行走或移动方式都是最适合它们捕猎或逃跑、生存的需要,也是适应环境的表现。

活动材料

找一块开阔、平坦的场地。

活动步骤

1. 首先老人先确定要模仿的动物,选择如小鸡、小鸭、小猫、兔子等幼儿所熟悉的小动物。

2. 在活动开始之前,老人要先确认幼儿了解并熟知这些动物的走路姿势。

小鸡:小鸡的嘴是尖尖的,模仿小鸡走路时两只手放在胸前,双手五指合在一起作尖嘴状,大拇指在上,小指朝下,一边走路,一边做小鸡啄米的样子。

小鸭:小鸭的嘴是扁扁的,模仿小鸭走路时两只手在胸前合拢,一只手的手背在上,另一只手的手背在下,做鸭嘴状,走路时左右摇摆。

▲ "小鸡啄米叽叽叽"

小猫:学小猫走路步子要轻,两手在嘴边向外划,模仿小猫的胡须。

兔子:学兔子走路时,两只手放在头上,竖起食指和中指作兔子耳朵,蹦跳着走。

3. 老人带幼儿到平坦开阔的场地,可以先给幼儿做示

老少同乐

范,然后让幼儿模仿。

活动拓展

老人可带幼儿去动物园实地观察动物及它们行走或爬行的姿势。

有趣的叶片

为什么树叶有的大有的小?为什么有的树叶一到秋天就变颜色呢?

活动对象

1～2岁幼儿。

科普知识

叶片是叶的最主要组成部分,通常由表皮、叶脉和叶肉组成,是很薄的扁平体,有利于光穿透叶的组织以及最大面积地吸收光、二氧化碳进行光合作用。

叶形是指叶片的外形。叶片有各种各样的形状:椭圆形的、圆形的、披针形的、带状形的、扇形的、针形的和三角形的等。如果我们把它们适当地拼组起来,你会惊奇地发现,它们又成了另一幅美丽的图画。

"树叶粘贴画"就是充分利用丰富的树叶资源,了解和认识什么是粘贴画,使幼儿掌握粘贴画的制作方法,能够用树叶粘贴成各种各样的图画。幼儿根据叶子的形状特征,充分运用想象,自行设计绘制出图案,然后依据图案把树叶粘贴成图画。

活动材料

记录纸、叶片、笔。

活动步骤

收集叶片

1. 活动场所：社区、公园、学校、郊外皆可。

2. 活动步骤：寻找自己喜欢的叶片，观察它们的大小、颜色、形状等特点，并把他们收集起来。

辨别叶片

1. 辨一辨：将收集来的同一种类的叶片归类，取出两片叶子来"找茬"，可以从大小、颜色、叶子边缘的纹路等角度来寻找，并在叶片上做记号。

2. 找朋友：将收集的不同叶片放在桌上，认真观察，寻找它们的相同之处，为叶子找有相同之处的"朋友"。

赏析落叶画

欣赏几幅优秀的落叶画作品，思考它们像什么？是由哪些种类的叶片制成的？又是如何进行制作的？

制作落叶画

1. 活动材料：白纸、叶片、胶水。

2. 制作过程：

构图：落叶画要注意构图的合理、巧妙和新颖。每片叶子都可正

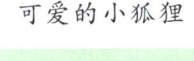
可爱的小狐狸

老少同乐

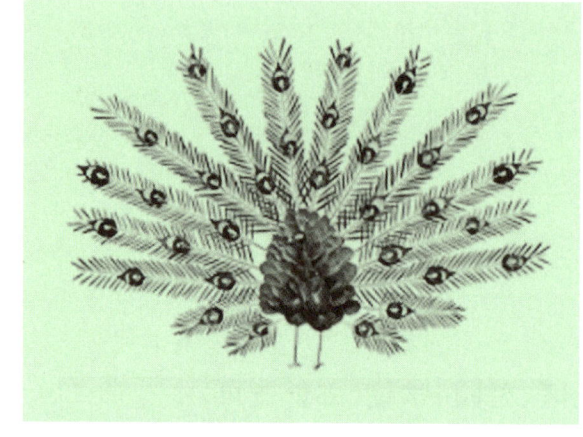

▲ 孔雀开屏

放、倒放、斜放、互相遮掩，事先要考虑好。最好先构思出主题，在白纸上勾画出图案，然后再放置树叶，剪裁加工。

粘贴：粘贴前先选择合适的树叶，用镊子轻轻地夹放到画稿上去。摆放好之后就可以在树叶的背面涂上胶水，放到预先设计好的位置。在上面蒙上一层薄纸后渐渐地展平树叶，待胶水干透后一幅"树叶粘贴画"就完成了。

▲ 奇趣生动的树叶粘贴画

活动拓展

除了用树叶来做粘贴画，还可以用种子、蛋壳、毛线等来做粘贴画。因而，当看到美丽的事物时，除了可以用照相机把它们拍下来，还可以把它们画下来或用粘贴画的方法把它们表现出来。

防火你我知

孩子有着强烈的求知欲和好奇心,对熠熠生辉的火总感到好奇,总是喜欢睁大眼睛盯着看。然而由于年龄的限制和生活经验的缺乏,他们会因为贪玩和好奇酿成悲剧。

活动对象

3~4岁幼儿。

科普知识

每年11月9日是"世界消防日",这一日期恰好与我国火警电话号码119相同,而且这一天前后,正值风干物燥、火灾多发的季节,全国各地都在紧锣密鼓地开展防火工作。为了增强全民的消防安全意识,我国就将每年的11月9日定为全国的"消防宣传日"。

发生火灾时的逃生方法:1.不能再到阁楼、床底、大厨柜内。火势不大时,要披上浸湿的衣服向外冲。2.浓烟弥漫时,用湿毛巾捂住嘴巴和鼻子,压低身子,手、肘、膝盖要紧靠地面,沿墙壁边缘爬行逃生。3.若身上已着火不可乱跑,要就地打滚使火熄灭。4.遇火灾不可乘坐电梯,要向安全出口方向逃生。5.充分利用阳台、天窗等进行自救,千万不要盲目跳楼。

老少同乐

活动材料

纸张、笔、小手绢。

活动步骤

什么是火？

火能发光发热，我们的生活中也离不开火，那么思考一下火有什么用途和危害呢？（用途：烧饭、取暖、照明等；危害：烧伤皮肤、烧毁财物、房屋、森林等。）

什么是火灾？

当火变得更大，危害到人身安全的时候，它就变成了火灾。火灾来了该怎么办呢？老人和幼儿共同讨论得出：

1. 尽最大可能离开火源，寻求大人的帮助。

2. 火情发生时先用水（沙子、棉被等）隔绝空气灭火。

3. 火势渐起时，打火警电话报警求救。

4. 火情严重时，用湿毛巾捂住口鼻冲出烟火区。

寻找社区中的消防器材

在老人的带领下寻找日

▼ 防火知识知多少

常生活中的消防器材,并记录其所在位置。

1. 灭火器:一般安装在走廊上,特征表现为红红的、高个子、小鸭嘴巴、长鼻子。

2. 消火栓:一般安装在走廊上,由水带和水枪组成,这是灭火时的常用工具。

3. 疏散指示标志:一般在走廊和门口,绿绿的、方方的,看好方向标,火灾发生跟它走。

4. 应急照明灯:一般安装在走廊上,方脑袋、大眼睛,黑暗就靠它照亮。

火灾逃生法

1. 学习火灾逃生方法:首先不要慌张,然后尽量找块小手绢弄湿之后捂住嘴巴和鼻子,弯下腰,靠着墙走,最后一定要听从老人的安排。

2. 练习逃生方法:根据之前找到的疏散指示标志,寻找逃生路径,演练逃生方法。

预防火灾

启发幼儿思考火灾形成的原因,找找家中火灾的隐患,提高安全防范意识。如不能随便玩火,当看到别人玩火或乱扔烟头时要制止,发现有火灾隐患时应及时告诉大人或拨打火警电话119。

活动拓展

《安全防火歌》

小朋友,请牢记,别拿火烛玩游戏,小心火灾随时起,火灾逃生要牢记。

进入公共场所里,逃生方向看仔细,万一火灾燃烧起,看到浓烟别着急。

老少同乐

先拿湿巾捂口鼻,快快趴下向前移,记住别回火场里,生命安全为第一。

老房子新建筑

老房子的墙是灰的,老房子的顶是红的,老房子的地是青的,老房子的门是木头的。老槐树的枝叶伸向远方,雨水滋润它就生长。家门口的小路长满野花,尽头在哪里?

活动对象

3～4岁幼儿。

科普知识

我们生活的城市有着各自不同的历史,其中留下了证明灿烂城市文明的历史建筑,它们赋予了世代生活在这座城市的人民以自豪感,并成为吸引新移民来到城市开创未来的明灯。但随着时间的流逝,这些韵味十足、写入传奇的建筑物所具有的地域符号性已渐渐地掩盖了其本身的功能实用性。在留给人们无限美好回忆的同时,原来极具功能性的建筑已慢慢地退出历史变革的舞台,注视着这座城市正在经历的新发展。值得思考的问题是:如何使城市中的老建筑再次焕发新的生命力,从而获得新生?

活动材料

收集上海或其他城市的现代建筑照片(如东方明珠、

国际会议中心、上海科技馆、环球金融中心等），以及城市老建筑群（如外滩、城隍庙、大世界等）、幼儿家门前的房屋照片、绘本"小房子"部分画面、纸和画笔。

活动步骤

交流谈论

1. 观察幼儿熟悉的各种上海代表性建筑的照片，让幼儿说出它们的名称和特征。

2. 将收集到的城市建筑照片按新老程度分别放在两块展示板上，让幼儿对两块展板分别介绍。

3. 幼儿将家门前的房屋照片按新老程度分别贴在展示板上，说出它们的位置或特点，再思考一下它们的功用。

4. 和幼儿讨论最喜欢哪种房屋，思考为什么我们周围会保留很多古老的房子。

倾听故事："小房子"（见附录）

1. 倾听故事前半部分：了解原来小房子生活的田园风光。

2. 倾听故事后半部分：了解城市化为小房子的周围带来的变化，如宽阔的道路、便捷的交通、方便的生活、热闹的居住环境……

3. 根据故事结尾思考：小房子为什么不习惯城市的生活（如高楼遮挡了阳光、灯光使星星黯淡、周围缺少绿化、人来车往十分吵闹等），怎样才能使小房子保留下来？

思考表达

1. 让幼儿说说自己想出的保留小房子的好办法。

2. 老人引导幼儿联系生活经验进行思考，例如：重新修缮、周边绿化、将车站搬离、与高楼保持距离、禁止车辆鸣笛等。

老少同乐

活动拓展

上海已成为世界十大旅游城市之一，为了让我们的城市更美好，全体市民应共同努力，思考改善上海环境，保护老建筑的方法。

附录：小房子（简化版）

很久以前，在城外很远的乡下，有一幢小房子。这是一幢美丽又坚固的房子，房子的主人说："他永远都不会卖掉小房子，他要让他的子子孙孙都住在里面。"小房子很开心地坐在山冈上，每天看着它四周的乡村田园。早晨，它看着太阳慢慢地升起。黄昏，它又看着太阳慢慢下山。每天，都有一点不一样，可是，我们的小房子，它总是老样子。

小房子也喜欢晚上，晚上它可以看星星、月亮，没有星星月亮的时候，它就看远远的那边城市的灯光。小房子从来都没有去过城市，它很好奇，它不知道城市是什么样的。

在小房子的身边，也发生了一些变化。有一天小房子惊讶地发现一辆大卡车开来了，从大卡车上卸下了各种大石头和小石头，没过多久，一条公路就修好了。

有了公路，这个地方就方便多了，来了很多人，大家造了很多的小房子居住，小房子的朋友越来越多，它觉得好热闹。

现在，小房子看着各种各样的汽车从城市的那边开来又开去。很快，大家发现房子不够住了，怎么办呢？

人们在小房子的周围建起了高高的公寓楼，越来越多的人住进了公寓楼，有的人上班自己开车，但是有的人没车，很不方便。于是，不久之后一辆公交车在小房子前面开来开去。

人越来越多,地面的交通越来越拥挤了,于是人们又造起了高架。

交通越来越方便了,住在这里的人越来越多,于是,人们又拆掉了高高的公寓楼,造起了摩天大厦。

现在这里有了漂亮的霓虹灯、宽阔的马路,高楼林立。出门就能坐公交、乘地铁,很方便。可是,小房子只能在中午见一会儿太阳,夜晚城市的灯光实在太亮,月亮和星星都显得十分黯淡。

一个晴朗的早晨,那位盖小房子的主人的孙女经过这里:"这不就是我奶奶常说起的小房子吗?只是原来的小房子在很远的乡下。"她想把小房子再搬到更远的乡下去。于是,她小心翼翼地把小房子放在拖车上,沿着大路向前滚,沿着小路向前滚……在城市的一角,终于看到了一个小山冈。"那个地方正合适。"再一次,人们给小房子涂上了漂亮的油漆;再一次,它可以看着春夏秋冬;再一次,有人住进了小房子,又来照顾它了。

探访蚂蚁王国

蚂蚁是个大力士,蚂蚁有一个团结友爱的大家庭,蚂蚁爱吃甜食……蚂蚁的种种生活习性为人们所津津乐道。但是,人们很难真正看到,在漆黑的蚁巢里,蚂蚁们是怎样有条不紊地完成筑巢、抚育幼虫、照顾蚁后等一系列活动的。

活动对象

5～6岁幼儿。

科普知识

蚂蚁是自然界三大社会性昆虫之一,最早的蚂蚁祖先——包裹在波罗的海琥珀之中的Sphe-comyrna freyi已有一亿年的历史了。蚂蚁曾与恐龙存在于同一时代,许多物种在复杂的环境变化里或灭绝或改变,而蚂蚁却靠着顽强的生命力和团体协作能力,以每28天繁殖一次的速度增长着,至今已发展为一个鼎盛的蚂蚁王国。

▲ 鼎盛的蚂蚁王国

蚂蚁属于节肢动物门,昆虫纲,膜翅目,蚁科,发育为完全变态,所有的蚂蚁都过社会性群体生活。蚂蚁有四种不同的蚁型,不同的蚁型就有不同的分工:

蚁后:有生殖能力的雌性,或称母蚁,在群体中体型最大,生殖器官发达。在繁殖季节,未受精的蚁后会飞出蚁巢与雄蚁在空中完成交配,这一过程被称为婚飞。婚飞后蚁后即折断翅膀,钻入土中产卵。它的主要职责是繁殖后代和统管整个大家庭。

雄蚁:或称父蚁。头圆小,上颚不发达,触角细长。有发达的生殖器官和外生殖器,主要职能是与蚁后交配。

工蚁:或称职蚁。无翅,一般为群体中最小的个体,但数量最多。复眼小,单眼极微小或无。上颚、触角和三对胸足都很发达,善于步行奔走。工蚁是没有生殖能力的雌蚁。工蚁的主要职责是建造和扩大巢穴、采集食物、饲喂幼蚁及蚁后等。

兵蚁:兵蚁是没有生殖能力的雌性。头大,上颚发达,可以粉碎坚硬食物,在保卫群体时即成为战斗的武器。

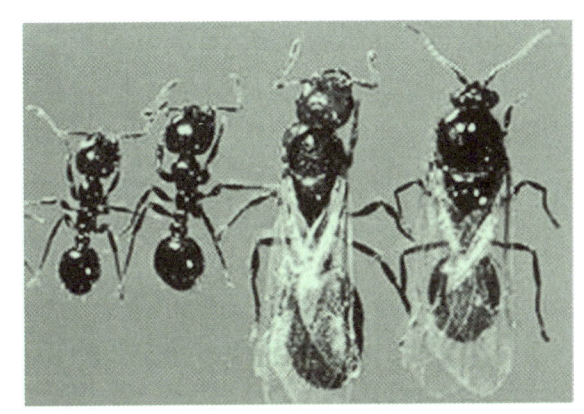

不同的蚁型

蚂蚁有六足,靠头上的一对触角交流信息。躯体平滑,或有柔毛、刺、条纹、网纹、刻纹和瘤突,体色有黑、黄、棕、红等多种颜色。不同种类的蚂蚁体型大小非常悬殊,世界上最小的蚂蚁体长只有2毫米左右。

蚂蚁的寿命很长,工蚁可生存几星期至3～7年,蚁后则可存活十几年或几十年。但一只离群的蚂蚁只能活几天,这是由蚁群内部明确的分工和各司其职、相互依存的群体结构所致。

活动材料

四种蚁型(蚁后、雄蚁、工蚁和兵蚁可事先诱捕,也可提前购买)的蚂蚁、放大镜、透明小塑料瓶、白砂糖、饭粒。

各司其职、相互依存的蚁群

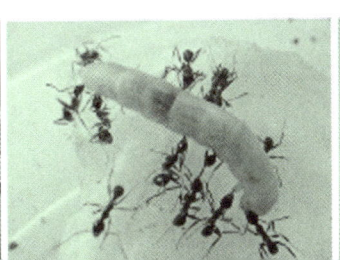
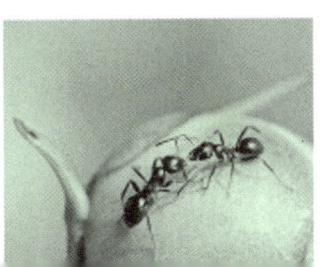

活动步骤

观察蚂蚁

用放大镜观察小塑料瓶中的蚂蚁，想一想，它们的外形有什么异同点？可以根据外形把它们分成几类？

区分蚂蚁

往每个小塑料瓶中投放两粒饭粒，观察四种体形的蚂蚁的反应，并做记录。想一想，为什么有的蚂蚁积极搬运食物，有的蚂蚁却对食物无动于衷？

根据蚂蚁的形态和对食物的反应，找出蚁群中的蚁后、雄蚁、工蚁和兵蚁。

注意：往塑料瓶中投放饭粒时，应该注意避免蚂蚁爬出引发混乱，可让幼儿轻轻把蚂蚁抖入瓶底，再迅速向内投放饭粒。

蚂蚁的"联系方式"

仔细观察蚂蚁运动、搬运米粒、交流信息、对米粒和白砂糖的不同反应，想一想，蚂蚁是用哪些部位完成这些活动的？

活动拓展

野外采集蚂蚁注意事项：

1. 要保护蚂蚁的生存环境，尽可能不破坏蚁巢。

2. 去野外采集蚂蚁要穿可保护身体的衣服和鞋子，不要穿凉鞋和短衣裤。

3. 采集的蚂蚁必须来自同一个蚁巢，不然会引起自相残杀。

趣味探虫

春天到了,花园的花都开了,蜜蜂们也都到花园里去采蜜了,昆虫们也出来活动筋骨了……

活动对象

5~6岁幼儿。

科普知识

昆虫身体分节,具有外骨骼,因而获得了良好的保护功能和发达的运动支撑;有的背部长有两对翅膀,使之成了飞行能手;再加上敏锐的感官、强大的繁殖力,使之成为适应陆生生活的最为成功的动物之一。在长期进化中,有的昆虫发展出了高度的社会性,有的具备精湛的拟态或保护色,种种生存技艺让它们很好地适应环境,甚至许多恶劣环境它们也不怕。

如今,昆虫遍布世界每一个角落,在森林中昆虫种类、数量尤其庞大。据说,一棵树上仅蚜虫就有10万余只;在南美热带雨林,一棵树上仅蚂蚁一类就有50种之多,栖息在树的不同部位。植物为昆虫提供栖息地和食物,哪怕一根朽木也能成为充满昆虫的小世界。昆虫也是森林生态系统中不可缺少的组成部分,它们为花朵传粉,为其他动物提供食物,清理着死去动物的残骸和排泄物。

活动材料

长杆、铁丝、尼龙纱或罗绢布、亚麻布、纸盒、保鲜膜或玻璃纸。

活动步骤

自制昆虫盒

1. 器材简介

昆虫观察盒（也叫"昆虫盒"），是一种主要用于活体昆虫观察的透明盒。其设计特点，一是易于开合，便于将昆虫放入和取出；二是易于观察，盒体大部透明，不少还配有放大镜，适合较近距离观察昆虫；三是安全，观察者不与昆虫相接触，保证两者的共同安全。

2. 变废为宝DIY

寻找替代品：只要是透明的盒子、罐子都可用作昆虫盒。

小加工：如果是只不透明的盒子，只要比较结实，也可改装成昆虫盒。例如，一般的纸盒，我们可将其顶面和一个侧面保留边缘剪镂空，覆上保鲜膜或是透明玻璃纸，并用胶带固定好，一只简易昆虫盒就做好了。

寻找昆虫

1. 眼疾手快

所要看的一是昆虫本身，有没有昆虫在飞、在爬，或是安静地待在一个地方。二是昆虫留下的蛛丝马迹，如昆虫卵、粪便，织物表面的丝状物可能也是昆虫的"杰作"。

2. 循声找虫

通过声音找虫，需

木蠹蛾幼虫啃食过的树干上留下了虫粪和木屑的混合物

老少同乐

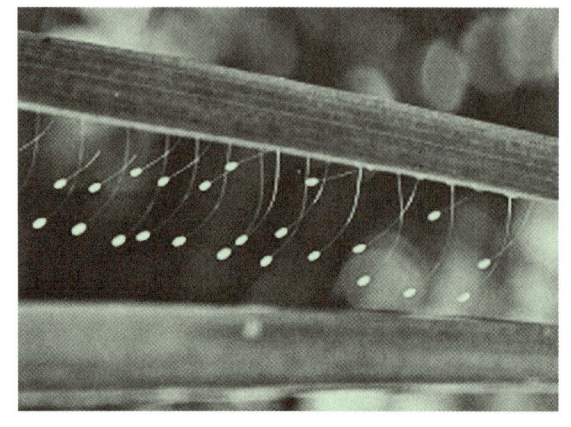

▲ 草蛉产的卵通过丝柄与叶相连,又与叶面隔开一段距离以躲避其他昆虫的伤害

要的就是发现昆虫活动时特有的声音。鸣虫的鸣叫声,昆虫飞行时振翅的声音,每种昆虫各有不同。竖起耳朵听,顺着声音的方向小心地找过去,说不定就会有意外的发现。

3. 引诱聚集

有的昆虫对光有特殊的好感,可以用灯光诱集(此方法一般在夜晚进行)。有的则对气味敏感,尤其是对食物。常用的方法有:将一次性水杯埋入土中做"陷阱",其中放入腐败的瓜果、蔬菜、肉类甚至啤酒等作为诱饵,诱捕不善飞翔的昆虫;或是将灌入糖水的水杯挂起,可以引来蝴蝶等昆虫。

了解昆虫

用自制的捕虫网捕捉虫子,并把它们放到DIY的昆虫盒中,进行观察比较。一般说来,昆虫的典型特征是:体躯三段头、胸、腹,两对翅膀三对足;一对触角头上生,骨骼包在体外部;一生形态多变化。

活动拓展

1. 器材简介

捕虫网是捕捉昆虫最必要、最基本的工具,一般用于捕捉飞翔中或悬停在枝叶端的昆虫,由网柄、网圈、网袋三部分构成。

2. 自制捕虫网

网柄替代材料：可用家中不用的扫帚或拖把，只要杆长轻巧即可卸下后用作网柄。

网圈替代材料：如果有破损的羽毛球拍，只要拍面圈完好，可以卸下作为网圈。

网袋替代材料：破旧的蚊帐是制作捕网网袋的好材料。家中如果有废布、破旧的衬衫和汗衫、布袋等，都可用来做网袋。

简易捕虫网

小火箭上天

做一名航空科学家、探索深奥的太空，是很多儿童心中的梦想。太空里的神秘莫测是幼儿的兴趣所在，银河、行星、宇宙飞船……那么，火箭是怎么飞到天上去的呢？为什么火箭掉不下来呢？

活动对象

5～6岁幼儿。

科普知识

火箭，在飞行中是不稳定的系统，一般都需要通过底部

矢量喷口的角度、强度来保持其稳定。简单来说就是,火箭会有传感器感受当前的运行轨迹,并预判之后的运行方向,从而控制其发动机喷口,来使其保持稳定。

一些火箭为保持垂直发射,应用了圆柱体自旋稳定的特性。当点火离开发射架之后,火箭自身将绕着轴线旋转,保持垂直。这种做法,一般用于小型火箭,如探测火箭等。这也是为什么火箭采用对称圆柱体形状的原因。我们在观看一些火箭发射视频时,可看到一些火箭先绕着轴线高速旋转,等进入既定轨道后,才慢慢稳定,不再旋转。

现在的大型火箭,都是利用了矢量发动机的原理。将后推力发动机安装在重力方向上,利用推力来平衡重力,这样就保持了火箭的垂直发射。当然在发射,或者飞行过程中,火箭会受到外界的干扰,使其偏离垂直方向。为了防止此情况发生,火箭上还安装了陀螺仪等方向敏感器,以及相应的控制系统,当方向敏感器感知到火箭的运动轨迹与设定轨道不吻合时,通过一定的算法,会改变火箭上推力的方向和大小,从而实现对火箭方向的调整。

活动材料

不同形状的饮料瓶、卡纸、剪刀、胶水。

▼ 火箭模型示意图

活动步骤

制作纸火箭

将正方形纸做成圆柱体的箭体,把半圆形纸做成圆锥体的火箭头;把箭体和箭头粘贴在一起。

让火箭上天

1. 观看火箭发射升空的视频,大胆猜测如何让火箭上天。

2. 在室外借助饮料瓶,幼儿自由探索火箭发射的方法。

如用手用力拍一拍饮料瓶,小火箭就能飞上天,在玩的过程中会发现,小火箭飞得忽高忽低。

3. 引导幼儿思考,如何让火箭飞得高一些?

经过多次试验之后,幼儿会发现,火箭飞得高与低与拍打饮料瓶力量的大小、空气的多少、拍打的方式、速度等因素有关。

4. 揭示原理。用纸做的火箭筒,放在饮料瓶上,通过挤压形成了气流,气流形成了空气动力,因此把小火箭推上天。

比一比

知道了方法和原理之后,想一想如何发射能更高?老人和幼儿可分别制作3个火箭筒,然后比一比哪个火箭最厉害,飞得最高。

活动拓展

想一想,为了让火箭飞得更高,除了纸还可以使用什么材料制作呢?

老少同乐

 智力开发

　　幼儿的智力不但受到遗传基因的影响，周围环境也起着至关重要的作用，而学龄前是幼儿智力发展的关键时期。幼儿智力的发展在该时期主要表现在运动及口头语言的发展，观察力、注意力、记忆力、思维能力及想象力的发展，这些构成了学前幼儿智力开发的基础。智力开发类活动就是在符合幼儿身心发展的基础上，通过关爱加教育的方式不断开发幼儿的观察力、注意力、记忆力、想象力和思维能力的活动。

有趣的三脚架

　　利用幼儿生活中比较常见的木棒和彩泥引起幼儿的兴趣，并探索如何利用木棒将彩泥稳稳地撑住。

活动对象

　　1～2岁幼儿。

科普知识

为什么房子的屋顶设计成三角形？是为了美观吗？原来，这是因为三角形的稳定性最强。三角形的三条边两两相交，所以每个角都是固定的。而如果一个图形的边数大于或等于4，那么每个角都不固定，就没有了稳定性。如果拿三根木条，拼成一个三角形，把每个顶点都用钉子钉住固定。然后，试图移动改变三角形，你会发现这个三角形丝毫没有变形。因为，当你在移动或按压任何一条边时，受到了与它相连的另外两条边的阻碍，另外两条边在这条边的两端进行支撑固定，使这条边无法被拉伸。由此可知，三角形无论哪一条边想要活动，都会受到另外两条边的限制，因为另外两条边都有个共同的点顶着呢！而相反，如长方形，它有四条边，四个顶点，在推拉或按压任何一条边时，与这条边两端相交的两条边因没有一个共同的顶点支撑，所以四边形会变形。

活动材料

长度相同的小木棒、彩泥、记录纸和铅笔。

活动步骤

游戏"搓泥球"

1. 游戏：搓泥球，老人和幼儿人手一份彩泥，边念儿歌"捏一捏，搓一搓，变成小球圆滚滚"，边动手搓泥球。

2. 问题情境设置：小球想站起来，用什么东西能帮助它站起来？

3. 请幼儿思考问题，并积极发言，老人给予肯定并总结。

4. 老人出示材料，并带幼儿认识材料，引起幼儿操作的兴趣。

探索用小棒支撑彩泥球的方法

1. 提出要求：如何用小木棒将彩泥球稳稳地撑在桌子上？（老人边说边示范"撑"的动作。）

2. 幼儿独自操作，用木棒将彩泥球撑起来。老人鼓励幼儿用不同数量的木棒分别将彩泥球撑起来。

小结：要想用木棒将彩泥球稳稳地撑在桌子上，幼儿用小木棒插彩泥球的时候要插紧，木棒的上面要并拢、下面要分开，每只脚都要着地。

发现小木棒支撑稳定的秘密

1. 继续用刚才的方法试一试最少用几根小木棒能撑起彩泥球，经过多次尝试发现最少用三根小木棒能将彩泥球撑起来。

2. 提问：如果用两根小木棒能不能将彩泥球撑起来？让幼儿尝试，虽然使用了正确的方法，彩泥球还是会倒向另一边。

3. 请幼儿观察家长的操作，发现三根小木棒支撑的秘密——把它们的脚用颜料印在纸上，就形成了三角形的三个点，用笔把三个点两两直线连接，出现了一个三角形。

小结：原来三根木棒围绕一个中心点可以形成一个三角形，就能既方便又稳固地把彩泥球撑起来。根据这个发现，人们做了很多有用的架子，还给这种架子取了个名字叫"三脚架"。刚才我们用三根木棒搭建的这种造型就是一种模拟的三脚架。

活动拓展

请幼儿说说日常生活中在哪里见过三脚架？如相机

架、画板架、台灯脚等常见的物品,并请幼儿讲一讲或猜一猜它们有什么作用。

光 与 影

影子长长遮阳台,小狗熊,把土抬,抬土来把树影埋。抬呀抬,埋呀埋,埋上的影子又出来。影子为啥埋不住,小狗熊咋也不明白。

活动对象

1~2岁幼儿。

科普知识

影子是一种光学现象,影子不是一个实体,只是一个投影。影子的产生,是由于物体遮住了光线。光线在同种均匀介质中沿直线传播,不能穿过不透明物体而形成的较暗区域,形成的投影就是我们常说的影子。(这里说的光是可见光线。)

影子的产生离不开光和不透明物体两个必要条件。

影子分本影和半影两种:仔细观察电灯光下的影子,还会发现影子中部特别黑暗,四周稍浅。影子中部特别黑暗的部分叫本影,四周灰暗的部分叫半影。这些现象的产生都和光的直线传播有密切关系。假如把一个圆柱形笔筒放在桌上,旁边点燃一支蜡烛,笔筒就会投下清晰的影子。如果在笔筒旁点燃两支蜡烛,就会形成两个相叠而不重合的影子。两影相叠部分完全没有光线射到,是全黑的,这就

老少同乐

是本影；本影旁边只有一支蜡烛可照到的地方，就是半明半暗的半影。如果点燃三支甚至四支蜡烛，本影部分就会逐渐缩小，半影部分会出现很多层次。物体在电灯光下能生成由本影和半影组成的影子，也是这个道理。电灯通过一条弯曲的灯丝发光，因而光源不只限于一点。从这一个点射出来的光给物体遮住了，从另一些点射过来的光并不一定全被挡住。很显然，发光物体的面积越大，本影就越小。如果我们在上述笔筒周围点上一圈蜡烛，这时本影完全消失，半影也淡得看不见了。科学家根据上述原理制成了手术用的无影灯。它将发光强度很大的灯在灯盘上排列成圆形，合成一个大面积的光源。这样，就能从不同角度把光线照射到手术台上，既保证手术视野有足够的亮度，同时又不产生明显的本影，所以取名无影灯。

活动材料

手电、蜡烛、动物玩具。

活动步骤

导入：玩手影游戏引起幼儿的兴趣。

出示手电、蜡烛等，引导幼儿想办法让它们发光，比较它们发出光的不同。

寻找影子，了解影子的特征。请幼儿找一找，看看都有哪些影子。

制造影子

1. 看看桌子上有哪些小动物，你能制造出这些小动物的影子吗？

2. 引导幼儿试着按不同方式操作，如把玩具放在墙壁前面，不打开手电；打开手电前面不放玩具；打开手电，让光射向白墙，在手电光和墙之间放一个玩具。看看如何才能出现动物的影子。

3. 请你把小动物的影子留在墙上，说说都有哪些动物的影子。

游戏：影子变变变

引导幼儿利用手电玩"影子变变变"的游戏。

1. 指出墙上小动物的影子一动也不动，请幼儿想一想这些影子会变吗？如果会变，会发生什么样的变化？

2. 鼓励幼儿向不同方向（如上下、左右、前后等）移动小动物或晃动手电筒，观察小动物的影子有哪些变化。

3. 引导幼儿观察自己的影子，什么时候有影子，什么时候影子不见了，理解阳光和影子的关系。同时，教幼儿学说儿歌："有个好朋友，天天跟我走，有时走在前，有时走在后。我和它说话，就是不开口。"

4. 引导幼儿想办法把自己的影子变长、变短、变胖、变瘦。

活动拓展

1. 引导幼儿联想：除了在阳光下，还有什么情况下会有影子？（月光下、灯光下、点蜡烛的时候有影子；水中也有倒影。）

2. 让幼儿说说还见过什么样子的影子，在哪里见过。

混合物分离

幼儿在日常生活中，常常会不小心把几种不一样的物

品混在一起。为了能让幼儿解决生活中类似的问题，所以设计了此活动，在活动中让幼儿通过动手、动脑和动口，自己发现方法将它们分离开来。从而激发幼儿的动手能力、观察力、语言表达能力，培养了尝试、创新意识以及体会成功的喜悦感。

活动对象

3～4岁幼儿。

科普知识

混合物是由两种或多种物质混合而成的物质。混合物没有固定的化学式，无固定组成和性质，组成混合物的各种成分之间没有发生化学反应，使它们保持着原来的性质。混合物可以用物理方法将其中所含的物质加以分离。

活动材料

分离的物品若干（如黑豆和小米，塑料球和小铁球）、碗、水、磁铁、筛子等。

活动步骤

分离大小不同的物体

1. 创设情景，趣味引入

老人：小松鼠的妈妈去田里干活了，小松鼠一个人在家，它跳到橱柜顶上找豆子吃，哗啦一声，一不小心，小松鼠把柜子上的黑豆和小米给打翻了，这可怎么办？你有什么好方法能把黑豆和大米分离开？

幼儿大胆表达自己的想法，家长给予肯定并引入主题。

2. 实验探究，验证想法

幼儿自由选择工具进行实验并对实验结果进行记录：实验了几次？成功了没有？使用哪种工具可以最快将豆子和小米分离？为什么？（如采用筛子可以进行分离，因为黑豆比小米大，所以小米就掉了下来，而黑豆还留在上面。）

小结：其实，我们的身边有很多物体混合在一起后，也可以使用筛子，将它们分离，比如花生和花生壳等。

分离大小相同、性质不同的物体

1. 提出问题：如果大小相同的铁球和塑料球混在了一起，能用刚才的方法将铁球分离出来吗？

2. 幼儿思考：铁球和塑料球一样大，用筛子分离不了。

3. 找出方法：反复实验，探寻新的解决方法。你使用了什么方法？成功了吗？展示两种分离方法：磁铁和沉浮。

小结：原来有的混合物体可以根据大小不同用筛子最快分离；有的混合物要根据它的性质，找到最合适的工具，才能最快将它们分离。

活动拓展

引导幼儿找找生活中利用分离原理发明出来的物品。

乌 鸦 喝 水

古希腊哲学家、科学家阿基米德在洗澡时发现，人的身体浸入放满水的浴缸，水就会溢出来，没想到聪明的小乌鸦也知道了这一点，并且利用它成功喝到了水。

活动对象

3～4岁幼儿。

科普知识

关于浮力原理的发现，有这样一个故事：相传叙拉古赫农王让工匠替他做了一顶纯金的王冠。但是在做好后，国王疑心此金冠并非用纯金做成，但这项王冠确与当初交给工匠的金子一样重。工匠到底有没有私吞黄金呢？既想检验真假，又不能破坏王冠，这个问题不仅难倒了国王，也使诸大臣面面相觑。经一大臣建议，国王请来阿基米德检验。最初，阿基米德也冥思苦想而无计可施。一天，他在家洗澡，当他坐进澡盆里时，看到水往外溢，同时感到身体被轻轻托起。他突然悟到可以用测定固体在水中排水量的办法，来确定王冠的比重。他兴奋地跳出澡盆，连衣服都顾不得穿上就跑了出去，大声喊着："尤里卡！尤里卡！"尤里卡（Eureka）意思是"我知道了"。他经过了进一步的实验以后，便来到了王宫，他把王冠和同等重量的纯金块放在盛满水的两个容器里，比较两个容器中溢出来的水，发现放王冠的容器里溢出来的水比另一个容器多。这就说明王冠的体积比相同重量的纯金的体积大，密度不相同，所以证明了王冠里掺进了其他金属。这次试验的意义远远大于查出工匠欺骗国王这件事，阿基米德从中发现了浮力定律（阿基米德原理）：物体在液体中所获得的浮力，等于所排出液体的重量。一直到现代，人们还在利用这个原理计算物体比重和测定船舶载重量等。

活动材料

小石子、沙子、棉花、海绵等各种材料,空的饮料瓶子若干,统计纸、记号笔若干。

活动步骤

如何帮助乌鸦喝到水?

老人:今天天气可真好!乌鸦和小伙伴们一起出来玩,一路上又跑又跳出了满身的汗,它口好渴,想喝水,在周围找了好半天终于找到了一个装有半瓶水的瓶子,它看着瓶子里的水,心情好低落,因为瓶子里的水太浅了,它喝不到,于是伤心地哭了起来。我们想一个办法帮助小乌鸦喝到瓶子里的水吧!

幼儿思考并描述如何帮助小乌鸦喝到水,老人给予肯定并做总结。

小结:刚刚我们想出的办法是让瓶子中的水升高到瓶口,往里面放入别的物体,这样乌鸦就可以喝到水了。

瓶中取水

1. 老人出示材料,并帮助幼儿认识不同的材料:石头、沙子、棉花、海绵。让幼儿猜一猜:你觉得乌鸦发现了这些东西,它会放什么到瓶子里去呢?

2. 在几个空塑料瓶中放入相同水位的水,并在瓶身水位线处画一条线,然后将实验材料分别放入不同的塑料瓶中,比较水面的变化情况。

3. 记录实验结果,并探索水面上升的奥秘:为什么石头、沙子放入瓶里,水就升高了,棉花和海绵就不行呢?

小结:小石头和沙子沉入水底后,把一些水的位置占

老少同乐

掉了，于是这些水只好往别的地方去，所以水平面就升高了。如果放入别的不吸收水分的材料也行，如果把吸水的材料像海绵、棉花放进去后，把水给吸收了，就更喝不到水了。

活动拓展

继续探索水面上升的高度与什么有关系。

纸绳力量大

纸是我们日常生活中最常见的物品，轻轻的，薄薄的，一阵风吹过还会随之起舞；我们轻而易举就能把它撕得粉碎。它能有多大的力量呢？

活动对象

5～6岁幼儿。

科普知识

纸张是由植物纤维、填充料、胶料和色料等组成的。植物纤维是纸张的主体，它主要指纤维素和半纤维素，是用化学、机械或化学与机械相结合的方法从木材或非木材类的植物体中提取的。

由于植物纤维呈细长丝状，如果只由植物纤维交织在一起，便会出现一些空隙和表面的凹凸不平。加填充料的作用是填塞纤维间的缝隙，使纸张表面平整均匀，同时还能减少纸张的伸缩，降低纸张的透明度和增加白度。但填充料使纸张强度下降,含量过多易出现掉粉、掉毛现象。

由于纤维是亲水物质,加上纤维之间的毛细孔吸收作用,使纸张具有过强的亲水性,容易在印刷过程中因吸水过多而变形和出现泅墨现象。胶料的作用主要是起到适当的抗液体渗透和扩散的作用。

活动材料

餐巾纸若干,带拎把的、装满水的瓶子若干,记录纸和笔若干。

活动步骤

感受纸的纤维

1. 体验:这是什么纸?它是什么形状的?让幼儿拿一张看一看、摸一摸、拉一拉、揉一揉,用各种办法感受餐巾纸。

2. 交流:你感受到的餐巾纸是怎样的?

测试纸的承重力

1. 提出问题:这么一张薄薄的纸能吊起装水的瓶子吗?餐巾纸有没有这个承重力呢?

2. 老人介绍实验材料并提出操作要求。

操作要求:每次只能用一张餐巾纸尝试,要想办法帮助餐巾纸拎起水瓶。用完了的纸要放进篮子里。

3. 幼儿动手实验。

4. 分享实验结果:你用餐巾纸拎起瓶子了吗?你是怎么做的?

小结:通过实验,幼儿验证了餐巾纸是能吊起装满水的矿泉水瓶子的,而且方法有很多。

老少同乐

探索尝试多种方法

1. 提出问题：纸宝宝拎起瓶子的方法可真多，哪一种方法下纸的承重力最大，能拎起最多的瓶子呢？

2. 提出要求：选择多种方法进行实验，每一次尝试完要把拎起的瓶子数量用笔在记录纸上记下来，通过比较实验结果，看看哪一种方法下纸宝宝拎起的瓶子数量最多。

3. 幼儿动手实验，得出最后的结论。

小结：经过多重折叠的纸和拧成绳子的纸拎起的瓶子数量是最多的，说明它能承受物体的力量最大。

了解纸的纤维

1. 提出问题：为什么这薄薄的纸宝宝经过折、拧的方法，能拎起这么重的物体？为什么这张长方形的餐巾纸，用长边拎瓶子和短边拎瓶子结果会不一样呢？

2. 了解纸的纤维。

小结：我们把纸折叠，就使纤维变多、变密了，把纸拧成绳，就把许多细细的纤维拧成了一根粗绳，这样就能拎起更多的瓶子啦。

3. 生活随想：生活中，人们增加纸的纤维的密度、厚度做出不同质地的纸，有牛皮纸、硬纸板等，再用这些纸做成盒子、袋子、箱子用来装东西，方便又环保。还利用拧绳的办法，做出绳索，结实又耐用。

活动拓展

生活中还有很多其他类型的纸，用它们来验证结果。

调皮的空气

空气，我们每天都呼吸着的"生命气体"，它分层覆盖在地球表面，透明且无色无味，它主要由氮气和氧气组成，对人类的生存和生产有重要作用。我们对它又了解多少呢？一起来探索吧！

活动对象

5～6岁幼儿。

科普知识

空气，我们每天都呼吸着，它分层覆盖在地球表面，无色无味。空气是指地球大气层中的气体混合。它主要由78%的氮气、21%的氧气、0.94%的稀有气体、0.03%的二氧化碳和0.03%的其他物质（如水蒸气、杂质等）组成的混合物。空气的成分不是固定的，随着高度的改变、气压的改变，空气的组成比例也会改变。但是长期以来人们一直认为空气是一种单一的物质，直到法国科学家拉瓦锡通过实验首先发现了空气是由氧气和氮气组成的。19世纪末，科学家又通过大量的实验发现，空气里还有氦、氩和氙等稀有气体。在自然状态下空气是无色无味的。空气中的氧气对于所有需氧生物来说都是必需的。此外，植物利用空气中的二氧化碳进行光合作用，二氧化碳几乎是所有植物的唯一碳来源。

活动材料

玻璃杯、玻璃缸、毛巾、袋子、气球。

活动步骤

魔术导入

老人：宝宝，今天我要变个魔术，可要看仔细了！

这是什么？（毛巾）是干的还是湿的呢？来，宝宝用手摸一摸。（是块干毛巾。）

接下来把毛巾放到杯子里面，然后把杯子直直地倒放在水里，猜一猜毛巾会不会湿？（请幼儿说一说。）

老人：那我们取出来看一看，湿了没有呢？宝宝用手摸一摸，湿了没呀？（没有）咦，真奇怪，毛巾明明是放在水里的，却没有湿，是不是很神奇呢？

引出空气原理

老人：我再来变一个魔术，这是什么？（毛巾）这是什么？（杯子）我们也要把毛巾放进杯子里面，这次我们斜斜地放进水里，宝宝仔细观察哦。看一看会发生什么现象。（气泡产生）宝宝，猜一猜毛巾有没有湿呢？（请幼儿说说看。）

到底毛巾湿了没有？让我们取出来看一看，我用手扭一扭，湿了没有？（湿了）为什么会湿了呢？

老人：这一次啊，我们的杯子是斜斜地放进去的，斜斜地放杯子里就有空气，空气跑出来了，宝宝说一说什么跑进去了？（水）空气跑出来了，水就跑进去了，所以我们的毛巾就会湿了。而第一次没有湿，是因为空气跑出来了没有？（没有）所以毛巾是干的。

初步感知空气

老人：那么空气它在哪里呢？它又是一种什么样的东西呢？接下来我们来做一个实验。宝宝看，这是什么？（袋子）我要用袋子去捕捉空气，看看我是从哪里捉到空气的？（用袋子从桌子底下捉了一袋空气。）

老人：看！我捉了一袋空气，你也想来捉捉空气吗？现在我们把袋口张开捉空气，捉好后要捏紧袋口，你捉到空气了吗？（表扬幼儿。）

老人：现在我们把袋口慢慢张开，用眼睛看一看空气，你能看见里面的空气吗？（看不见。）对，空气是看不见的。那么袋子里的空气有颜色吗？（空气是没有颜色的。）

老人：再用你的小鼻子闻一闻空气有没有味道呢？（对，空气是没有气味的。）用你的小手伸进袋子里去摸一摸，能摸到空气吗？（空气是摸不到的。）

加强对空气的认知

老人：我们再到别的地方去捉空气好不好？试试能不能捉到空气？（带幼儿到各个地方捉空气。）

老人：好，宝宝把袋子收回来，说一说你是从哪里捉到空气的？

老人：好了，刚才我们是不是在各个地方都捕捉到了空气啊？那么空气能看得见吗？有颜色吗？有味道吗？摸得着吗？

小结：原来我们周围到处都有空气，空气是没有颜色，没有味道，看不见也摸不着的，我们再用小手扇一扇空气，有什么感觉？（空气是可以流动的。）

活动拓展

老人与幼儿一起玩气球，看看谁吹的气球大。

老少同乐

小乐高大奥秘

玩乐高的过程，是幼儿手脑并用的过程。玩乐高既充满趣味，同时又使孩子在逻辑思维、创造能力和解决问题能力方面得到发展。

活动对象

5～6岁幼儿。

科普知识

玩乐高的过程中包括以下4个学习环节：联系、建构、反思和延续。

联系：当幼儿把新的体验与已有的"知识库"相联系，或当他们接触到强烈吸引他们的内容，使他们迫切想学习新知识时，他们才会最有效地把新的信息与知识融入自己头脑的"知识库"当中。

建构：无限制的探索，有指导的探究，通过让幼儿搭建各种不同的模型，引导他们理解各种概念，从而解决各种问题。

反思：通过反思他们的搭建过程，使幼儿更深刻地理解他们之前遇到的问题。在反思时，他们会将新的知识与之前的经验结合起来，建立起以往经验与他们在活动中的体验之间的关系。

延续：当幼儿在活动的时候可以获得挑战，完成后很有成就感。保持这种挑战，和获得成功的喜悦及成就感，就自然地激发出他们向更多更难的挑战发起冲击。

活动材料

乐高积木（或普通类似乐高的积木）。

活动步骤

现场搭建

老人根据现有的材料,依据说明书或发挥想象力搭建一个模型。搭建过程中,引导幼儿了解不同材料的作用。

完美复制

通过观察刚才搭建的乐高模型,根据记忆让幼儿动手搭建一样的模型,老人可共同参与帮助幼儿一起完成。

比一比

在大体了解搭建规则之后,老人可与幼儿比一比,各自搭建不同类型的模型,看看谁搭的模型速度又快,造型又特别。

创新梦工厂

幼儿可以根据自己的爱好自由搭建。搭建完成后,引导幼儿用丰富的语言描述模型的特点,并由老人进行点评。

活动拓展

引导幼儿充分发挥想象力,借助色彩鲜艳的乐高积木,搭建出不同动物的造型,然后让老人来猜一猜。

巧搭乐高欢乐多 ▼

参考文献

［1］曹勤华.大班科学活动：有趣的"三脚架"［J］.教育导刊,2018（1）.

［2］丁书嫚.单词句阶段儿童语言的发展特点个案研究［J］.求知导刊,2017（31）.

［3］董春燕.我国3～6岁儿童个性类型及发展特点的研究［J］.都市家教（下半月）,2014（2）.

［4］葛英姿.儿童科学启蒙教育探索［M］.上海：上海交通大学出版社,2017.

［5］［日］广松由希子.我的第一本亲子游戏书［M］.西安：陕西师范大学出版社,2008.

［6］华爱华.别因为焦虑,取消了孩子的游戏时光［J］.基础教育论坛（文摘版）,2015（2）.

［7］李洪曾.幼儿园家庭教育指导［M］.北京：北京师范大学出版社,2001.

［8］凌萍.用"生活教育"思想溢彩幼儿科学教育［J］.小学科学（教师版）,2013（6）.

［9］邵智,施鸣鹭.婴幼儿心理行为保健［M］.重庆：重庆

出版社,2007.

［10］沈惠云.育儿完全手册［M］.北京：北京出版社,2006.

［11］［日］松田道雄著.育儿百科［M］.王少丽译.北京：华夏出版社,2002.

［12］汪旦琦,张文华.营养与健康［M］.北京：中国科协青少年科技中心,2010.

［13］汪旦琦,张文华.趣味昆虫青少年科技活动资源包［M］.上海：上海市科技艺术教育中心,2011.

［14］汪乃铭,钱峰.学前心理学［M］.上海：复旦大学出版社,2005.

［15］王保林,窦广采.幼儿心理学［M］.郑州：郑州大学出版社,2007.

［16］王建华,张文华,曹晓清等.校园生物多样性教育资源开发和应用指南［M］.上海：上海教育出版社,2018.

［17］王建华,张文华,刘国璋等.青少年生物与环境科技活动指南［M］.上海：上海科技教育出版社,2008.

［18］吴硕,冯沫悦.从语言学角度研究汉语儿童绘本［J］.昆明学院学报,2017（4）.

［19］杨金凤.亲子游戏100例［M］.吉林：吉林摄影出版社,2011.

［20］杨梅.亲子教育万事通［M］.南京：江苏科学技术出版社,2008.

［21］张野,杨丽珠.我国3～6岁儿童个性类型及发展特点的研究［J］.心理科学,2005（4）.

［22］张文华,王建华,王纲领.创新与实践活动［M］.上

海：上海科技教育出版社,2006.

[23] Dorthe B, Peter J, Anders H, *et al.* An Educator-administered Measure of Language Development in Young Children[J]. *Infant Behavior & Development*, 2018(7).

[24] Ivrendi A, Nesrin Isikoglu. A Turkis Wiew on Fathers' Involvement in Children's Play[J]. *Early Childhood Education Journal*, 2010 (37).

后 记

　　随着我国生活节奏的加快,年轻父母因工作等原因,将幼儿托付给老年人照看。同时,居民文化水平的不断提高,促使越来越多的老年人加入了对孙辈的家庭教育当中,但如何科学和有效地选择并开展幼儿教育活动,促进幼儿的身心发展一直是民众比较关心的问题。

　　本书针对学龄前幼儿"老少同乐"教育活动进行了设计,通过对幼儿的生理和心理特征的总体介绍,帮助老年人了解教育活动对幼儿身心发展的作用,以及在进行"老少同乐"教育活动时需要注意或借鉴之处。

　　本书共设计了两大类"老少同乐"教育活动内容。主要包括趣味游戏和科学活动,共49项活动,每项活动后更有活动拓展及延伸,供参考借鉴。这些活动经过编者的精心挑选,不仅具有科学性、趣味性,且实践操作性较强,老年人也非常容易进入角色,可以寓教于乐。

　　在本书的编撰和出版过程中,得到了许多学前教育专业人士的积极鼓励和热情帮助。在撰写的过程中,还引用了多位学者的宝贵研究成果。他们的成熟见解、理论指导和实践方法，使编者对幼儿教育活动有了全新的认识和体会，并得以顺利完成书稿。在此，谨向他们表示由衷的谢忱。其中，本书中所用图片出自网络或参考资料，特在此说明。

希望本书对老年人指导幼儿教育活动有所帮助，同时，本书也可供托儿所、幼儿园、学龄前教育机构等专业教学工作者及年轻父母参考阅读。但限于时间和水平，书中不足与不当之处在所难免，恳请广大读者批评指正。

编　者

2018年8月

图书在版编目(CIP)数据

老少同乐/张文华等编著.—上海:上海科学普及出版社,2018
(老年健康生活丛书/陈积芳主编)
ISBN 978-7-5427-7299-2

Ⅰ.①老… Ⅱ.①张… Ⅲ.①老年人-生活方式 ②儿童教育-家庭教育
Ⅳ.①C913.6②G782

中国版本图书馆CIP数据核字(2018)第160477号

策划统筹　蒋惠雍
责任编辑　李潇潇
装帧设计　赵　斌
绘　　画　顾丽萍

老少同乐

张文华等　编著

上海科学普及出版社出版发行

(上海中山北路832号　邮政编码200070)

http://www.pspsh.com

各地新华书店经销　　上海盛通时代印刷有限公司印刷
开本 710×1000　1/16　印张 13　字数 138 000
2018年8月第1版　2018年8月第1次印刷

ISBN 978-7-5427-7299-2/G·913
定价:39.00元
本书如有缺页、错装或坏损等严重质量问题
请向工厂联系调换
联系电话:021-37910000